重新看世界

鲸斗殃虾：

美苏与三八线

(1941-1948)

董洁 著

中華書局

图书在版编目(CIP)数据

鲸斗殃虾:美苏与三八线:1941～1948/董洁著. —北京:中华书局,2016.4
ISBN 978-7-101-11129-3

Ⅰ.鲸…　Ⅱ.董…　Ⅲ.①朝鲜问题-史料-1941～1948②美俄关系-国际关系史-史料-1941～1948　Ⅳ.①D831.2②D871.29③D851.29

中国版本图书馆 CIP 数据核字(2016)第 040104 号

书　　名　鲸斗殃虾:美苏与三八线(1941—1948)
著　　者　董　洁
责任编辑　张荣国
出版发行　中华书局
(北京市丰台区太平桥西里 38 号　100073)
http://www.zhbc.com.cn
E-mail:zhbc@zhbc.com.cn
印　　刷　北京市白帆印务有限公司
版　　次　2016 年 4 月北京第 1 版
2016 年 4 月北京第 1 次印刷
规　　格　开本/880×1230 毫米　1/32
印张 5⅝　插页 2　字数 80 千字
印　　数　1-5000 册
国际书号　ISBN 978-7-101-11129-3
定　　价　32.00 元

“重新看世界丛书”总序

中国作为大国崛起到今天这种状态，迫切需要重新认识世界，重新认识自己的国际环境，重新认识国际环境中一些重要的影响因素，如美国、日本、俄罗斯、伊斯兰、石油产地、海洋通道国家、欧洲各国。说“重新认识”，是因为中国变成世界第二大经济体之后，其与世界的关系达到了前所未有的深度，其利益网络延伸到全球的各个角落，世界各国对中国的态度发生了复杂而巨大的变化、对中国呈现出与过去不同的面目。实际上，国家环境因中国自身进入了新的发展阶段而陌生起来，中国已走进了一个陌生的世界，看到了、遇到了在原来的发展层次上不可能遇到的东西。一国的国际环境从来都是因依其自身的变化而变化的，从来没有什么恒定的国际环境。所以说“认识”要强调“重新”，我们现在有“重新”认识的必要，也有了“重新认识”的可能。通过“重新认识”来寻找与外部世界相处、相安之道。

说“重新认识”，也因为我们必须以更长的历史跨度、更辽阔的文明史眼光、更深入的社会文化观察来认识世界，不是游客式的走马观花，不是外交礼仪式的浮光掠影，不是外交务实式的就事论事。也不是学院式事不关己的空泛之论，因为国际环境已成为中国现实生存的首要影响因素，有了利害攸关的切肤之感。也不是照搬照抄欧美国际研究的概念与模式，因为中国的国际生存环境与这些学术模式赖以产生的欧美国际生存环境大相径庭。“重新认识”要打破我们以往国际问题研究的窠臼。对一些重要国家，要看其所处的文明形态，看其千百年的历史演进，深入了解其社会结构、政治经济框架与运行、国民文化心理与行为模式。中国不仅是一个仅具经济意义的国家，而是代表一种文明、有自己文化传统的大国，其理想不仅是国家富强，而且是文明复兴，是中华民族的永久延续，所以其与国际社会的过从、互动就会极其深刻、极其广泛：这就要求我们的“重新认识”必须是深刻、广泛的。

相互间善处的前提是对对方的了解，充分认识、了解外部世界对中国非常重要。国际、国别研究应脑子里装着中国当前面临的真实国际问题，以寻求中国恰当的国际生存之道、形成中国真正的国际战略为目标。要有中华民族长久生存于世界的大关怀，从中华文明与异文明谋合的历史眼光来考量、观察。同时，了解他人不仅有利于相处、相交，也是学习、借鉴的必由之路，通过认识他人来定位自己，欣赏他人的长处并能取长补短。文明、文化的融会、相互影响有自觉不自觉之别，了解外部世界能在文化相遇中保持自觉，采取积极、开放的态度并趋利避害。这就是我们组织“重新看世界丛书”的初衷。

我们希望收入本丛书的作品，其研究的视野应是开阔的、宏大的，研究的着眼点却可以是具体的甚至是细小的，可以在分析具体事件中以小见大，也可以从一个事件、一个领域、一个历史环节、一种现象入手研究。文体可以是多样的，专著、论文集、读书札记均可。但无论什么文体，都应以充分地材料占有（历史的与现实的，理论的与事实的）为前提，要有坚实的文献基础，不是灵感式的随想录。研究应超越学科分隔、强调问题导向，但对学科应先掌握后超越，要有相关学科的扎实功底，对相关学科的概念、方法要有借用，不是凭空立论。要强调对实际历史经验与生活经验的借重。文笔要生动、自由、有个性。我们真诚地期待“重新看世界丛书”能够为读者提供切实有效的帮助。

中华书局编辑部

2015年7月

目　录

绪 论

1945年8月15日，日本宣布无条件投降，这让饱受日本殖民统治长达36年之久的朝鲜民众，依稀看见了国家光复的曙光，为即将到来的民族独立欣喜不已。

然而，朝鲜[①]战后[②]的命运仍然无法由朝鲜人民自行掌控。早在战时会议期间，盟国经过协商后已达成一致，战后对朝鲜实施国际托管政策。1945年12月召开的莫斯科三国外长会议，形成了一份关于战后托管朝鲜的书面协定。名义上战后朝鲜应交由美、苏、中、英四大国共同托管，不过到了具体执行阶段，仅剩下了美、苏两国。[③]

---

① 本文中的朝鲜，如无特别说明，均指1948年南北各自成立政府前尚未分裂的朝鲜半岛。

② 本书中的战后，如无特别说明，均指第二次世界大战后。

③ 关于中国和英国后来未参与托管朝鲜的原因，目前学术界对此研究尚不够透彻，还有待进一步深入，限于本书的主题与篇幅，该问题在本书中不做展开。不过据笔者推测，中国未再参与托管朝鲜的原因，可能主要在于国民政府的注意力和焦点自1945年下半年起开始转向中国国内事务，次年爆发的国共内战让国民政府更加无暇顾及朝鲜问题；而英国未再参与的原因，则可能主要在于英国从一开始即对托管制本身抱有成见，认为该制度会损害英国的既得利益，再加上，与战后棘手的欧洲事务相比，朝鲜并不属于英国的战略核心地区，所以在朝鲜问题上一直态度不积极，后期也就逐渐淡出。

苏联于8月8日正式宣布对日作战，8月10日苏军进入朝鲜境内，并且迅速向南推进，为了阻滞苏军的南下，美国提出美苏以北纬三十八度线为界接受日军投降，这一方案为苏联所接受，美军于是在稍晚些的9月8日进驻汉城。自此，朝鲜半岛上出现了一道三八线，将一个统一的朝鲜，人为地分割成为南北两个区域。

在美苏两国以三八线为界，对朝鲜实施托管名义下的分区占领政策之初，恐怕大部分的朝鲜民众都不会想到，这道三八线会如此长久地横亘于朝鲜半岛中央，成为民族分裂的一道鸿沟，[①]直到今天都难以逾越。尽管当时朝鲜国内政局混乱，左右翼政治力量对托管政策本身态度不一，但绝大多数的朝鲜民众依然坚信朝鲜半岛必将会迎来一个美苏退出朝鲜、南北区域统合的美好未来。

不过，随之而来的现实却是，美苏在全球范围对“权力真空地带”的争夺愈发激烈，导致冷战的爆发，朝鲜问题的协商机制——美苏联合委员会宣告破裂，美苏在朝鲜问题上彻底走向决裂。美苏长达三年的分区占领，塑造了三八线南北两个完全不同的政治经济实体，而受到美苏支持的朝鲜国内政治势力的加剧分化，又将这种“差异”进一步深化。朝鲜半岛由此成为

---

① 今天我们所说的朝鲜半岛上分割朝鲜与韩国的“三八线”，是根据1953年7月27日签订《朝鲜停战协定》所划定的一条军事分界线，是朝鲜战争的产物。这条军事分界线在北纬三十八度线附近，但不完全等同于北纬三十八度线。由于朝鲜半岛的分裂源头最早可追溯到二战后美苏以北纬三十八度线为界的分区占领，因此今天仍将朝鲜与韩国之间的分界线简称为“三八线”。

美苏意识形态直接交锋的“战场”，朝鲜民族分裂的悲剧也由此产生。

鲸斗殃虾，这本是朝鲜的一句古代谚语，意思是“大鲸鱼打架，小虾米遭殃”，却成为朝鲜半岛战后命运的真实写照。

在朝鲜半岛遭受鲸斗殃虾的过程中，仍有很多小细节值得进一步还原、很多问题值得进一步探讨。

应该说美苏在朝鲜问题上的博弈并不是一开始就剑拔弩张的，双方是本着在托管问题上相互合作的立场进入朝鲜半岛的，不过在具体实施的过程中，双方渐生摩擦和冲突。那么美苏双方是如何从最初的合作走向对立？美苏各自的对朝政策在此期间是否做过重大调整？如果做出调整，那么这个调整的时间点是在什么时候？调整的动因又是什么？是因为受到美苏整体对外政策调整的影响，还是因为受到占领过程中朝鲜民众反应的影响？

美苏主导下的托管政策的失败直接导致了朝鲜半岛分裂，那么分裂的主因究竟在“谁”？尽管任何历史结果我们都可以用合力论去解释，也就是说朝鲜半岛的分裂是由美苏为主的外因与朝鲜内部左右翼势力的内因合力作用后产生的结果，但导致分裂的各种原因中必然存在一个主因，抛开美国的当事人视角以及韩国的民族自省视角，本书愿意从一个更为客观的角度去理性审视这一问题。

在冷战大背景下，朝鲜半岛的分裂与冷战的爆发势必存在着某种内在关系，这是一种怎样的内在关系？原本属于美苏战略利益边缘地带的朝鲜为何会成为美苏意识形态对决的前沿阵地？有韩国学者提出朝鲜半岛的冷战在1945年8月美国提出划分三八线分区占领并被苏联接受的那一刻起就已经开始，[①]美苏在朝鲜半岛形成冷战态势是否真的早于1947年全球冷战的爆发？

关于三八线的由来、战后美苏对朝政策的源起、冷战初期美苏在朝鲜半岛的博弈等问题，历来都是学者们所感兴趣的题目。而理清这些问题的来龙去脉，有助于分析朝鲜半岛分裂的真正历史根源，同时，将朝鲜作为一个反映战后美苏从合作走向对抗的个案，也可对深化冷战起源方面的研究有所帮助。

围绕上述问题的相关论述中，美国学者的研究起步相对较早，在20世纪70年代末到80年代初，他们利用当时解密的一批美国外交文件，[②]提出了不少富有见地的主张。比如美国学者莫里斯博士认为，美国从占领朝鲜初期开始，对通过实施托管解决朝鲜问题的考虑就已经减弱了，而延长托管时间或者将朝鲜置于国际保护体制下，只是为了防止朝鲜被某一国家单独掌控。[③]著名的朝鲜问题专家布鲁斯·卡明斯在其所著的《朝鲜战争的起源：解放和独立政权的兴起》一书中指出，罗斯福所构想的托管制是为美国在战后掌握霸权而设计的新手段，其灵

---

① 정병준:〈한국전쟁:38선 충돌과 전쟁의 형성〉,파주:돌베개,2006년,127쪽.

② 这批外交文件主要是指美国国务院解密的美国对外关系文件Foreign Relations of The United States（FRUS）。

③ William George Morris, “The Korean Trusteeship, 1941-1947 : The United States, Russia, and the Cold War,” Ph.D. dissertation（The University of Texas, 1974）.

感来自于“门户开放政策”，关于托管制的构想表明了美国在与苏联共存前提下的国际主义政策，而其最终的废除则表明敌视苏联的民族主义政策当时占了上风。[①]而另一位美国学者马特雷则认为，尽管杜鲁门政府寻求在实力基础上的分化、占领政策，但为了获取苏联在其他地区的让步，因此在朝鲜问题上选择尽可能地采纳苏联方面的意见，比如1945年12月的莫斯科三外长会议。[②]

如果说美国等西方学者更为关注战后美国对朝政策的由来和依据以及美苏在朝鲜半岛的角力，那么韩国学者则更为关心朝鲜半岛分裂的责任究竟在“谁”？是外因还是内因？如果是外因，那么是美国还是苏联抑或是美苏双方？如果是内因，那么是左翼还是右翼错失了可能有的统一良机？

韩国学者中持外因论者大多认为美苏双方均需为朝鲜半岛的分裂负责，而美国在其中应负的责任更大。比如李在都在其博士论文《莫斯科托管协定与朝鲜半岛政治变化相关的研究》中就指出，总的来说，在托管制提出及实施的过程中，朝鲜民族内部及美苏之间的对立催生了朝鲜国家及民族的分裂；不过如要细究责任，那么美国放弃托管制，从某种层面上来说反倒催生了分裂局面的出现，朝鲜半岛的分裂是由于战后美国两种相反

---

① Bruce Cumings, *The Origins of the Korean War：Liberation and the Emergence of Separate Regimes, 1945-1947*, Princeton：Princeton University Press, 1981.

② James Irving Matray, *The Reluctant Crusade：American Foreign Policy in Korea, 1941-1945*, Honolulu：University of Hawaii Press, 1985.

的对朝政策所造成的。[①]

不过外因论在上世纪七八十年代遭到内因论强有力的批判，持内因论者认为外因论会让韩民族陷入软弱的宿命论，内因论更多地将着重点放在半岛分裂的成因和自主统一的问题上，认为“虽然美苏对韩半岛的分割占领负第一位的责任，但本质的、最终的责任在于韩民族自身”。[②]内因论得到相当一部分韩国学者的支持。比如李东炫认为当时朝鲜国内政治势力没有把民族利益放在第一位、而把政党利益放在第一位是造成民族分裂悲剧的主因。[③]沈之渊在其《美苏联合委员会研究》一书中也将分裂原因归结于此，不过他对当时南朝鲜政治势力中的中间阵营评价较高，中间阵营主张在将外部势力影响最小化的前提下首先组建政府，托管统治的问题则留待政府成立后再解决，沈之渊认为这是中间阵营为中和左右两种极端思维、阻止民族分裂所采取的一种合理的解决方法。虽然中间阵营倡导的路线因为反托、赞托两个阵营的不信任与反对而未能实现，但是作为当时摸索民族统一的理论，历史应当对他们进行重新评价。[④]鉴于韩国人浓厚的民族自省情结，在今天的韩国学界，论

① 李在都:〈모스크바信託統治協定과 韓半島政治變化에 관한研究〉,東國大學校 大學院 정치학 박사논문，1987년.

② 【韩】姜万吉 :《解放前后史认识的方向》,载《解放前后史的认识》2, 汉城 : 大路社，1985年,第9页,转引自曹中屏、张琏瑰等编著 :《当代韩国史(1945—2000)》,天津 : 南开大学出版社，2005年,第14页。

③ 李东炫 :〈韓國信託統治研究〉,建國大學大學院 정치학 박사논문，1989.

④ 沈之渊 :〈미-소공동위원회 연구〉,서울:청계연구소，1989년.

及朝鲜半岛分裂的主因,内因论是占据一定主导地位的。

近年来,随着苏联档案的解密和公开,韩国学者也逐渐跳脱出民族分裂之痛究竟在于外因还是内因的纠结反思,将研究视角进一步拓宽,产生不少新成果。比如李仁浩利用新解密的苏联档案对北朝鲜的苏联军政府进行的研究,李仁浩得出的结论是,战后苏联对朝政策的贯彻落实工作由苏联民政局承担,苏联军政府通过与北朝鲜共产党的合作,控制了北朝鲜所有政治和经济事务。苏联保留了朝鲜人的自治组织人民委员会,这一点比美国人高明许多,这使得苏联人能够比美国人更为有效地把自己的意图付诸实施。[①]这算是迄今为止为数不多的有关苏联军政府的研究中较有分量的一篇。

国内学者的相关研究中,亦不乏上佳之作。如牛军教授的《战后美国对朝鲜政策的起源》一文,该文认为托管政策的提出为战后美国的对朝政策定下了基调,美国提出该政策的原因在于,美国一方面担心一个大国控制朝鲜将会削弱美国在东亚和西太平洋的地位,毕竟与朝鲜毗邻的中国和俄国在历史上都与朝鲜形成过某种复杂的关系,苏联对朝鲜的影响更不容小觑,另一方面,美国又不想在战后管理朝鲜方面承担太多的责任。[②]而梁志的《从联合托管到南北分立:美国与朝鲜半岛冷战对抗局面的形成(1944—1948)》一文则认为美国并不是导致

---

① Lee In Ho, "The Soviet Military Government in North Korea," *Korea Observer*, 1992, Vol.23, №4.

② 牛军:《战后美国对朝鲜政策的起源》,《美国研究》, 1991年第2期,第50—65页。

朝鲜半岛冷战爆发的唯一因素，朝鲜半岛出现南北对立和分裂更多应被视为美苏两大外部势力与当地左右翼四者间交叉互动的必然产物，冷战爆发的根本原因在于东西方意识形态分歧，但第三世界国家当地政治势力对局部冷战的发生亦负有不可推卸的责任。①

可以说，上述研究成果对于重构历史、推进相关领域研究具有很大的贡献。不过总体而言，这些研究也存在着某些局限性：首先是关于战后美苏对朝政策研究的不均衡。既存的研究成果中，集中于美国对朝政策源起、提出原因、实施过程的研究较多，而关乎战后苏联为何接受美国提出的托管朝鲜政策、苏联进入北朝鲜采取何种占领政策等内容的研究较少，尽管已有学者对此进行了初探，但明显是不充分的；其次是缺乏大历史观的宏大视角，也就是将朝鲜分裂问题与冷战源起问题相联系，战后朝鲜问题向来不是一个地区问题，而是受到多重国际因素的影响，现有的研究成果多将研究视角聚焦于美苏之间以及美苏与朝鲜半岛左右翼势力之间的角力，而忽略了国际格局的变动、尤其是美苏全球战略的调整对美苏在朝鲜实施托管政策的影响；最后是对新档案的利用不够，自20世纪90年代以来，大批前苏联档案的公开，为研究朝鲜半岛问题提供了新的史料来源，相较于朝鲜战争、苏朝关系、中朝关系等领域新材料的利用状况，战后美苏在朝鲜半岛的博弈领域对苏联档案的使用跟进

① 梁志：《从联合托管到南北分立：美国与朝鲜半岛冷战对抗局面的形成（1944—1948）》，《武汉大学学报（人文社科版）》，2014年第4期。

度不高。

鉴于此，本书尝试综合利用美、苏、朝三方的文献档案，尤其是近些年新解密的苏联文档，[①]对战后美苏在朝鲜问题上由合作走向对立、三八线由出现到固化的过程做更加深入的叙述和分析。

本书叙述的是自20世纪40年代初美国提出战后托管朝鲜政策至1948年朝鲜半岛南北各自成立政府期间的历史，突出朝鲜托管政策从提出到实施直至失败的过程中，美苏之间的互动、朝鲜国内政治势力的反应以及美苏各自与占领区内政治力量之间的关系，对朝鲜半岛分裂主因加以分析的同时，勾勒出战后世界格局变动中美苏对朝政策调整的大致轨迹，探寻朝鲜问题与冷战起源的内在关联。

根据美苏对朝政策的阶段性特征，本书分为以下四章：

第一章 战后对朝鲜政策的源起。美国自构想对朝政策伊始，就将苏联因素作为重要的考量，在朝鲜问题上寻求与苏联的合作，成为罗斯福政府制定战后对朝政策的基调。美国提出战后托管朝鲜构想后，罗斯福在雅尔塔会议期间主动征询了斯大林的意见，出于通过托管制扩大战后势力范围的目的，苏联对此采取了一种默认接受并参与合作的态度。罗斯福去世后，其继

---

① 由沈志华、王绍章整理的、藏于华东师范大学冷战国际史研究中心的《俄国档案原文复印件汇编：苏联占领朝鲜》，共有23卷，其中收录来自俄罗斯国防部中央档案馆（ЦАМОРФ）的档案，这些档案包括苏联国防部、外交部与驻朝苏军机关往来的电报、报告、指示等。这些材料是目前研究苏联在朝鲜驻军情况的权威一手材料，学术价值极高。此外，藏于俄罗斯联邦总统档案馆（АПРФ）、俄罗斯联邦对外政策档案馆（АВПРФ）的相关档案也进一步丰富了史料来源。本文中俄文档案的译文均由沈志华老师提供，在此表示感谢。

任者杜鲁门延续了这一对朝政策思路。经过一系列战时会议的磋商，美苏就战后在朝鲜实施国际托管政策达成一致。

第二章　三八线的出现。美国在日本投放原子弹改变了太平洋战争局势，苏联宣布提前对日作战。苏军迅速直抵朝鲜，使得美国提出三八线的划分方案，苏联接受了这一方案。日本投降后，美苏军队以三八线为界受降。美苏军队进驻南北朝鲜后，在各自的占领区内采取不同的占领政策：美国在基本保留日本殖民机构的基础上建立了隶属于驻朝美军司令部的军政府，苏联则在彻底根除北朝鲜日本殖民势力的基础上建立由朝鲜人组成的管理机构——人民委员会。占领初期，尽管美国对托管制的可行性已产生质疑，但仍意图通过托管制牵制苏联在朝鲜的扩张；苏联则态度积极，寄希望于通过托管制在朝鲜建立一个统一的、亲苏的朝鲜政府。1945年12月的莫斯科三国外长会议上，将托管政策落实为书面协定。莫斯科协定公布后，北朝鲜的政党和民众一致表示拥护，南朝鲜的政治势力则出现分化。

第三章　美苏联合委员会。为落实莫斯科协定内容，美苏两国于1946年召开美苏联合委员会，以帮助朝鲜组建临时政府。1月的预备会议上，美苏已经初现立场不可调和的态势。苏联坚持政治问题先行，美国则认为应先完成朝鲜全境经济上的统一。联合委员会第一次会议期间，双方间的分歧进一步暴露，美苏在组建朝鲜临时政府时哪些朝鲜政党和组织具备协商资格问题上难以达成一致，委员会因此进入休会期。休会期间，美苏在各自占领的区域内，依据各自的政治理念对区域内的政治、经济、社会的发展加以促进，以扩大自己的影响力，朝鲜半岛南北正在加速形成两个不同的政治经济实体。

第四章 冷战和朝鲜半岛的分裂。1947年3月"杜鲁门主义"的发表标志着美苏冷战的开始。美苏对朝政策不可避免地受到冷战大环境的影响。美国的对朝政策在1946年底至1947年初发生变化，逐渐放弃在朝鲜问题上与苏联合作的方针，转而采取遏制政策；苏联的对朝政策调整不大，仍以在朝鲜建立亲苏政府为目标，不过面对美国越发强硬的立场，苏联也给予了针锋相对的回击。美苏联合委员会的复会磋商尽管有政治作秀之嫌，但也成为美苏在朝鲜问题上寻求合作的最后尝试。不过复会后，美苏两国仍然在朝鲜临时政府协商对象资格问题上存在重大分歧，联合委员会由此破裂。美国将朝鲜问题提交联合国，希望在联合国的框架范围内解决朝鲜问题，苏联对此表示反对，但美国仍利用其在联合国内的影响力，于1948年2月26日通过了在南朝鲜进行单独选举的决议案。同年8月15日，大韩民国政府在南部成立；9月9日，朝鲜民主主义人民共和国在北部成立。朝鲜半岛南北出现了两个独立政府，分裂局面出现。

第一章　战后对朝鲜政策的源起

一、美国对朝鲜政策的源起

战后美国对朝鲜政策的源起最早可以追溯到太平洋战争期间美国对大韩民国临时政府（以下简称临时政府）承认一事。

1910年，朝鲜半岛被日本吞并，沦为日本殖民地。1919年3月1日，朝鲜半岛内爆发大规模的民族独立运动，朝鲜宗教界“民族代表”和青年学生联合，发表《己未独立宣言》，进行示威、请愿活动要求独立，以反抗日本的高压殖民统治，史称“三一运动”。“三一运动”后，日本殖民当局加大了对朝鲜国内抗日独立运动的镇压，大批朝鲜爱国人士因此不得不流亡海外，在异国开展抗日独立斗争，韩国临时政府便是这样一个具有一定影响力的海外韩人独立运动组织。

韩国临时政府于1919年在上海成立，在华活动期间，临时政府得到中国国民政府的极大援助，包括从资金到武装训练上的支持，但其身份始终未获得国民政府的正式承认。抗日战争爆发后，临时政府随国民政府迁往重庆。1941年太平洋战争爆发，基于同样的抗日立场，临时政府希冀借此机会扩大其国际影响力，由此展开一系列外交努力，以寻求获得美国为首的国际社会的承认。1941年7月、12月、1942年2月，临时政府指示其下属的驻美韩人委员会主席李承晚（Rhee Syng Man），[①]先后三次向美国国务院递交撰写的信函及证书。前两次美方均不加说明地予以退回，第三次美方以国务卿赫尔（Cordell Hull）的名义予以答复，不过回函的内容充斥着一般性的外交辞令，声称："美国国务院很乐意知晓朝鲜人士在抵抗日本及其盟友方面所开展的活动；并且关注着来函所提及的组织的计划和目标。"[②]

对于承认临时政府一事，美国从一开始就采取了极为谨慎的态度。之所以如此，是因为在太平洋战争期间，寻求与盟国乃至其他国家在对日作战上的协同与合作是当时美国的战略重点，因此在承认事宜上，美国需要考量盟国——中、英两国在朝鲜问题上的立场。此外，尽管苏联此时尚未加入战时同盟，但美国一直将其视为潜在的盟友和争取对象，美国深知苏联对朝

---

① 1919年韩国临时政府成立时，李承晚曾被选举为临时政府总统，后因其久居美国，又不愿把行政裁决权交给上海的临时政府总理，加剧了临时政府内部矛盾，于1925年3月遭上海临时政府的议政院弹劾。

② *FRUS, 1942, Vol.1, General; the British Commonwealth; the Far East,* Washington D.C.: U.S. Government Printing Office ,1960, p.862.

鲜亦拥有着深度影响力，在涉及朝鲜问题时，美国更加需要顾及到苏联的感受。1942年5月1日，美国国务院向美国驻华使馆发出明确不承认韩国临时政府的指示信，信中称："在朝鲜问题上，美国有某些特殊因素需加以考虑。"[①]这里所谓的特殊因素，就是美国在考虑对朝政策中始终所不能漠视的苏联因素。

实际上，美国曾就是否承认韩国临时政府一事与国民政府交换过意见，在此过程中，美国方面数次表达了对苏联因素的重视。1942年4月，美国驻华大使高斯（Clarence Edward Gaus）在与国民政府外交部政务次长傅秉常的交谈中，提到美国政府承认韩国临时政府是"一件很微妙的事"，美国有必要考虑在承认后苏联可能做出的反应。"因为据称有两个师的朝鲜人在西伯利亚苏联的势力范围内，一旦苏日之间开战，这几个朝鲜人师很有可能被运进朝鲜，被苏联利用在朝鲜境内建立某种政府。如果美国在这个时候承认重庆的韩国临时政府，那么就会出现一个困难的局面。虽然苏联部队中的朝鲜人据说已经入苏联籍成为苏联公民，但不管怎么说他们本质上还是朝鲜人。"[②]言下之意，美国一旦在韩国临时政府问题上贸然表态，很有可能会刺激苏联支持其境内的苏籍朝鲜人回到朝鲜建立新政权，从而使得朝鲜的局势更为复杂化。4月18日，当国民政府再次就承认问题征询美方态度时，美方进一步表现出对苏联可能干涉的担忧："存在这样一种可能性，重庆的韩国临时政府被国民政府承

① *FRUS, 1942, Vol.I, General; the British Commonwealth; the Far East*, pp.873-875.

② *FRUS, 1942, Vol.I, General; the British Commonwealth; the Far East*, p.869.

认，苏联可能会支持其他一些在意识形态上与苏联相近的韩国团体。因为苏联政府同样对朝鲜问题尤为感兴趣，但考虑到现在苏联还未与日本宣战，目前在这个问题上与苏联政府接触，可能会使我们的政府陷于尴尬之地。”①也就是说，美国考虑到苏联可能对朝鲜怀有的巨大兴趣，在不了解苏联立场，又无法与苏联接触的情况下，美方认为不宜贸然行动，因此美国决定不承认韩国临时政府，并希望国民政府也能在此问题上与美方保持一致。

1942年底，时任蒋介石私人政治顾问的欧文·拉铁摩尔（Owen Lattimore）致信蒋介石。这是一封由罗斯福（Franklin D.Roosevelt）授权起草、经罗斯福过目修改的信件，信的内容能够真实反映罗斯福政府的意图。信中又一次就朝鲜问题表明美方立场：在太平洋北部地区，苏联的领土接近西伯利亚、朝鲜和日本，试图在解决朝鲜这类问题方面撇开苏联是不适宜的。在世界这一地区孤立苏维埃俄国，将意味着有可能制造紧张局势，而不是缓和紧张局势。中国和美国可能利用朝鲜南部的基地，保卫太平洋西部地区的和平。②由此可知，朝鲜因为地理上距离美国本土较远，此时美国对朝鲜的目标有限，仅仅希望在朝鲜南部拥有军事基地，能够防卫太平洋西部地区即可，并未打算将朝鲜划入自己的战后势力范围。

美国充分意识到，苏联在历史上、地缘上、政治上都与朝鲜有着深厚的渊源，在朝鲜问题上苏联一定有着自己的考量。在

① *FRUS, 1942, Vol.I, General; the British Commonwealth; the Far East,* p.873.

② *FRUS, 1942, China,* Washington D.C.: U.S. Government Printing Office, 1956, p.186.

没有摸清苏联的底牌之前，美国并不想贸然刺激苏联，使得局势复杂化。而当时迫在眉睫的战局也使得美国不得不“照顾”苏联情绪。美国明确表态不承认韩国临时政府的1942年，正是苏德战争最艰难的时期，苏军在欧洲战场拖住了大量的德国军力，如果苏联在欧洲战场失利，那么德军将在欧洲“势如破竹”，下一步的目标即会是联合日本占领太平洋，这将对美国本土的安全造成极大的威胁，直接关乎美国自身的利益。加之，美国自对日宣战以来，一直在太平洋战场上承受着巨大的军事压力。尽管苏联主力仍深陷欧洲战场，未对日本宣战，苏联甚至还继续维系着《苏日中立条约》，但苏联在欧洲战场上对德军的有力牵制，使得美国始终把苏联视为潜在的盟友。美国一直寄希望于苏联能在消灭欧洲战场的法西斯有生力量后，转而加入对日作战，分担美国的军事压力。如果此时美国因为单方面率先承认韩国临时政府，挑衅了苏联在此地区的长久影响力，从而破坏了与苏联之间潜在的协作前景，这是美国所不愿意看到的。

通过数次直接接触、搜集大量情报、与盟国交换意见、对时局全面分析之后，美国最终决定拒绝承认韩国临时政府，苏联因素在其中起了至关重要的作用。

正是在处理韩国临时政府承认请求的过程中，美国方面开始关注朝鲜——这个西方人眼中的“隐士”之国，并由此开始酝酿战后美国的对朝政策。在朝鲜——这个距离美国本土尚远、当时在战略意义上并不显得十分紧要的半岛上，寻求与苏联的合作，成为罗斯福政府制定战后对朝政策的基调。

那么，制定一个何种政策，既能实现美国在朝鲜的有限目标，又不会妨碍苏联在这一地区继续发挥影响力，同时又能兼顾中英两国盟友的既得利益？罗斯福政府提出了托管政策。

二、托管朝鲜政策的提出及苏联反应

托管政策的提出肇始于战后殖民地的处置问题。作为《大西洋宪章》和《联合国家宣言》的发起国之一，美国需要维护其支持民主和民族自决的一贯立场，避免被指责继承新老殖民主义者的衣钵。因此，美国不愿也不可能采取传统殖民主义的方法实行统治。但同时，美国基于其在西半球及远东地区安全和利益的考虑，有必要在战后控制一定的殖民地及委任统治地区，以维护美国的海上交通线。美国政府认为，法西斯战败后，其占领的许多地区将出现“权力真空”，那里的人民按照美国的标准，尚不具备独立和自治的能力，如不加以控制，将会导致持续的混乱和无政府状态，甚至会因大国的介入而引起国际冲突，其结果势必会影响这一地区的稳定，危害美国的战略利益。为了解决这种矛盾，罗斯福政府提出了建立国际托管制度的构想。①

托管制反映了罗斯福总统的反殖民主义（Anti-Colonialism）

① 牛军：《战后美国对朝鲜政策的起源》，第50页。

立场，罗斯福深受威尔逊总统的理想主义[1]影响，试图铲除国际政治中的殖民地势力，并以托管制的形式加以取代。罗斯福认为：托管制作为一种法律概念，其适用范围可扩大到国际问题上。他对托管制的理念及历史经验来源于菲律宾案例。1942年11月，罗斯福在发表广播讲话中称："菲律宾过去44年的历史实际上是为世界弱小国家国民的将来提供了一个模型（pattern）……不过这一模型需要建立在两大重要前提的基础上。一是教育的普及以及与物质、社会经济的需求认识相同步的准备期，二是通过积累更多经验而为最终实现国家独立所需的训政期。"[2]讲话中所说的殖民地独立的两大阶段：为实现自治的准备期以及为实现最终政治独立的训政期，即为罗斯福托管思想的核心内容。罗斯福此番讲话实际上是向宣传部门暗示美国谋求对被解放民族领导权的新的理由：他将菲律宾作为托管的范例，吹嘘菲律宾即将独立，实则也是为宣扬托管制的合理性进行舆论造势。

依据美国的构想，可将托管地区分为两类：一类是建立在领土不扩张原则上的间接统治形式，一类是意味着领土合并的直接统治形式。前者称为非战略地区托管统治形式，后者称为

---

① 威尔逊的理想主义以他的"十四点方案"为代表，"十四点方案"主要包括建立海洋通行自由；消除国家间的关税壁垒；实现各国裁军；调整殖民地的分配，让不发达的地区的民众和政治家有更多的选择权利和自决权利等等，详细内容参见王逸舟：《西方国际政治学：历史与理论》，上海：上海人民出版社，2006年，第74—84页。

② Public Papers and Addresses of Franklin D. Roosevelt, 1942（New York：Harper and Brothers Pub.，1950），p. 475. 转引自李在都：〈모스크바信託統治協定과 韓半島政治變化에 관한研究〉，第16页。

战略地区托管统治形式。非战略地区托管形式是针对从属地区的一般政策，反之，战略地区托管形式则是以直接关系到美国安全问题的原日本委任统治的太平洋诸岛为对象的具体政策。朝鲜属于前一类地区。

美国的决策层很早就意识到战后朝鲜接受外部势力间接统治的必要性，1942年2月20日美国国务院官员兰登（Langdon）在其所递交的报告书中就明确指出："朝鲜独立过程中的难题很多。朝鲜国民在37年中缺乏统治经验及自主国防相关的意志。此外，接受过现代经济组织及管理等相关培训教育的人寥寥无几。一般来看，等朝鲜人自己具备统治及防御能力时，需要一代人的时间，在此期间国际保护及指导是很有必要的。由于国内情况不佳，独立须借助外部力量。"[①]1942年底拉铁摩尔至蒋介石的信中也谈到了类似问题："在某些殖民地地区，即使有可能完全恢复自己原来的政府，也未必符合愿望。在某些情况下，通过合法地运用托管的方式，也许能找到解决的办法。可以委托某一国，也可以委托某些国家组成的托管委员会进行某种托管。这种托管将使国联的委任统治前进一大步，因为托管委员会为了适应时代精神，将更认真地行事。这将同适用于菲律宾独立的美国方案相似。丘吉尔（ Winston

---

① National Archives, Record Group（RG）59, 895.01/79, "Memo, " Feb.20, 1942. Gregory Henderson, Korea：*The Politics of the Vortex*（Cambridge：Harvard University Press, 1968）, p.72, 转引自李在都：〈모스크바信託統治協定과 韓半島政治變化에 관한研究〉，第31—32页。

Leonard Spencer Churchill）先生对托管原则也完全赞成。”[①]信中并未明示要将托管制度作为战后解决朝鲜问题的策略，而仅是向国民政府说明托管制度，并表明美英两国对托管制赞成的立场，这可能也是在试探国民政府对此的态度，为战后在朝鲜实施托管政策做铺垫。

1943年初，当第二次世界大战发生战略性转折之际，罗斯福政府开始考虑战后如何处理日本在亚洲和太平洋的殖民地问题，朝鲜的前途当然也包括在内。3月，罗斯福在白宫向英国外交大臣艾登（Robert Anthony Eden）和盘托出了对日本在亚洲和太平洋的委托统治地和殖民地实行国际托管的设想，其中关于战后朝鲜的前途问题，罗斯福明确提出由美、中、苏三国实行托管。[②]相关内容在时任国民政府外交部部长的宋子文于4月2日发回的外交文书中也有所反映："朝鲜问题，英、美军认为应独立，但暂时须由同盟国负责监护之责。"[③]

于是，战后朝鲜将由大国托管的消息不胫而走，这对于强烈渴望独立的朝鲜人民来说，无疑是"当头一棒"，朝鲜的政党及团体纷纷对此表示反对。由于苏联在朝鲜托管问题上迟迟不表态，朝鲜人民便寄希望于借苏联之力加以反对。1943年5月10日，由流亡在重庆的韩国独立党、朝鲜民族革命党、朝鲜民族解

---

① *FRUS, 1942, China*, p186.

② 【英】安东尼·艾登：《艾登回忆录（清算）》（中册），北京：商务印书馆，1976年，第658页。

③ 秦孝仪主编：《中华民国重要史料初编——对日抗战时期》（第三编 战时外交〈一〉），台北：中国国民党中央委员会党史委员会，1982年，第159页。

放党、朝鲜无政府主义者联盟、朝鲜妇女爱国者联合、朝鲜青年联合发起的自由朝鲜人民群众大会主席团给斯大林（Joseph V. Stalin）写信，向斯大林表达了朝鲜人民要求独立、反对托管的诉求："一、为保障我们的人民永远生存和全人类真正的和平与幸福，我们要求完全独立。二、我们坚决反对战后对朝鲜进行所谓国际托管或监督的任何建议，因为这不仅违背我们的意愿，从战略的观点观之也不利于对日作战的事业，并且违背罗斯福－邱吉尔宣言的精神。"[①]不过，在目前已公布的相关档案中，并没有找到当时苏联方面或者斯大林本人对此的回复。苏联继续对该问题保持沉默，既不表示支持也不表示反对。

苏联此时对托管政策的态度是矛盾的，单纯从意识形态层面来看，托管政策显然不符合苏联一贯的支持民族独立、反帝反殖民的政治立场；但从国家利益层面来看，苏联为了扩大其战后势力范围，又有必要参与到盟国对托管政策的讨论中去。苏联和西欧殖民主义国家不同，由于苏联没有殖民地及占领区域，因此在对战后殖民地的处置过程中，苏联需要考虑的是，以何种方式使殖民地既能脱离原殖民宗主国，又能让自己合法地参与到该地区的政治事务中，从而扩大苏联在全球的政治影响力。托管政策无疑是一个两全其美的方案。出于国家利益，在美国提出托管政策的构想后，苏联基本采取了一种默认接受的态度，并在此后一系列的国际会议中积极参与并协作。

---

① 旅居中国的朝鲜政党和团体致斯大林信，1943年5月10日，АВПРФ, ф.0100, оп.30, п.225, д.9, л.61-62。

三、战时会议的讨论

开罗会议

在第二次世界大战形势发生根本转折、盟国开始发起战略反攻的情况下,美、英、中三国首脑于1943年11月22日至26日在开罗举行会议,讨论三国联合对日作战和战后处置日本问题。三国首脑就日本殖民控制权的划分问题进行了商议,但对朝鲜的控制权问题却采取了搁置态度。会议最终形成的中、美、英《开罗宣言》仅就战后朝鲜的独立发表了一个原则性声明,即“我三大盟国稔知朝鲜人民所受之奴隶待遇,决定在适当的时候,使朝鲜自由与独立”,未涉及战后托管问题。

对于战后朝鲜的处置问题,开罗会议的两大参与国——中、美两国在会前均有所考虑,而此时中国对朝鲜问题的关注度似乎更高。

国民政府在参加开罗会议前就朝鲜问题准备了若干草案。在国民政府军事委员会为开罗会议准备的草案中,明确提出要“承认朝鲜独立”。[①]而在国防最高委员会秘书厅所呈的在开罗会议中提出战时军事合作、战时政治合作及战后中美经济合作等三种方案的文件中,则详细阐述并分析了中国在朝鲜问题上应采取的具体对策及其后果:“中、美、苏立即共同或个别承

① 秦孝仪主编:《中华民国重要史料初编——对日抗战时期》(第三编 战时外交〈三〉),第498页。

认朝鲜独立，或发表宣言保证朝鲜战后独立。其他联合国家应请其采取同一步骤。说明：关于立即承认朝鲜独立或保证朝鲜战后独立，苏联目下因对日关系，大概不愿有所表示，英国因影响印度问题，恐亦未必首肯，英、苏如不同意，美国势将踌躇。在此种情形之下，中国如单独承认，将与世人以同盟国家发生裂痕之恶劣印象，此为单独承认之害。反之，日、苏冲突随时有爆发可能，届时苏联政府或竟先我而承认朝鲜独立，为争取权宜计，我国似应先于苏联承认朝鲜独立，并与现在重庆之朝鲜革命政府发生关系，则将来苏联如亦承认朝鲜独立，自不便与另一朝鲜政府发生关系，此为单独承认之利。总之，我方单独承认朝鲜革命政府自各有其利弊，两者相衡，似以考虑于适当时机尽先承认为宜。”①

美国方面，则是总统罗斯福在乘坐爱荷华号航母前往开罗会议途中，与参谋人员举行会议，议程中提及对朝鲜半岛实施联合托管的问题。罗斯福称：“蒋介石总统希望对朝鲜实施托管，这样俄国、中国、美国就成为受委托国家，必须对朝鲜实施托管”。②

不过，在开罗会议期间，美、英、苏三国首脑还是回避了战后托管朝鲜问题。回避的原因推测起来，大致有以下两点：首先本着合作的立场，盟国方面认为托管问题需要征询苏联的意见，并寻求苏

---

① 秦孝仪主编：《中华民国重要史料初编——对日抗战时期》（第三编 战时外交〈三〉），第504页。

② *FRUS, 1943, The Cairo and Tehran Conferences,* Washington D.C.: U.S. Government Printing Office, 1961, p.257.

联的合作，而在开罗会议召开前，盟国在托管问题上尚未与苏联方面进行沟通；其次，盟国方面预测对日战争将会持续到1946下半年，短期之内日本不会投降，因此还有充分的时间可以讨论该问题。

《开罗宣言》发表的直接后果，是使朝鲜人对朝鲜独立的时限产生了误解。在宣言起草时，就何时给予朝鲜独立的措辞曾数易其稿，最终版本中的"在适当的时候"（in due course）将朝鲜独立问题彻底模糊化，因为"在适当的时候"是一个没有明确时间概念的表述。[①]用美国国会一名活动家的话来说，这意味着"任何期限——从两年到两百年"。当时美国没有一份官方声明指出这个限制性的提法到底意味着什么。当然，采用这种含糊不清的表述也可能是为未来托管政策的实施留下法理空间。然而朝鲜人却不这么认为，"在适当的时候"被翻译成朝鲜语时，由于未能找到合适的、准确的表达，在翻译过程中造成了谬误，致使朝鲜人深信：朝鲜即将马上迎来独立和解放后政府的建立。当时旅居中国的朝鲜爱国人士普遍认为，开罗宣言意味着不久之后（in a few days）朝鲜即能独立。[②]也难怪当托管朝鲜政策正式确立后，朝鲜人以托管政策违背《开罗宣言》为

① 《开罗宣言》中"在适当的时候"（in due course），在最初由霍普金斯（Harry Hopkins）起草的草案中用的是"at the earliest possible moment"（在可能的最快的时间内），罗斯福总统改为"at the proper moment"（在合适的时间内），后丘吉尔首相又将其改为更好的一种表达方式"in due course"。见 *FRUS, 1943, The Cairo and Tehran Conferences,* pp.399-404.

② Information and Historical Journal, Staff Conference, 12 Sep 1945：Historical Files, 转引自【美】C.L.Hoag, 한국분단보고서（상），申福龙、金元德옮김，서울：풀빛，1992, 第36页。

由，对托管政策表示强烈反对和抵触。

德黑兰会议

开罗会议结束后，罗斯福与丘吉尔随即动身前往伊朗首都德黑兰与斯大林会晤。11月28日至12月1日，美、英、苏三国首脑在德黑兰召开国际会议，就加速战争进程和战后世界安排问题进行了商讨，具体议题包括：开辟欧洲第二战场问题、战后成立国际组织问题、战后处置德国问题、波兰边界划分问题、苏联对日作战问题等。这也是战时三国首脑的首次会晤。

会议最终签署了《苏、美、英三国德黑兰宣言》和《苏、美、英三国德黑兰协定》，尽管其中没有涉及战后朝鲜安排的任何条目，但在前期召开的三国外长预备会议以及德黑兰会议的会谈记录中，均能找到关于该议题的商讨。

为筹备德黑兰会议的各项事宜，美、英、苏三国外长于1943年10月18日在莫斯科举行会谈，这也是德黑兰的预备会议。会上，美国外长向会议提交了三份文件——德国问题备忘录、战后各国经济关系的指导原则宣言和由罗斯福亲自起草的关于附属国人民托管的宣言。在关于附属国人民托管宣言草案中，美国主张未来的国际组织专门设立一个国际托管机构，把殖民地由一国托管转变为国际托管。[①]这为罗斯福在德黑兰会议上讨

---

① 《战后世界历史长编》第一编第一分册，上海：上海人民出版社，1975年，第6—8页。

论托管问题作了铺垫。

11月28日，德黑兰会议召开。在第二天的三方晚餐会上，三国首脑就处置邻近德国和日本的基地和战略据点交换了意见，罗斯福提出那些基地必须实行托管制，对此，斯大林表示同意。但丘吉尔对托管制表现出了抵触，他说，就英国来说，他们不想要得到任何新的领土或基地，但打算保持原来他们所有的一切。他说不通过战争，就不能从英国夺去任何东西。他具体地提到新加坡和香港。他说大英帝国的一部分领土也许最终会被放弃，但这要按照英国自己道义上的信条，完全由英国本身作出选择。丘吉尔称，如果要求英国在托管名义下占领某些基地，只要别人愿意帮助支付这种占领费用，英国也许可以这样做。[①]英国在托管问题上表现出极强的实用主义立场。

11月30日下午的三国首脑见面会上，丘吉尔主动就拟发表的开罗会议关于远东问题的宣言征询斯大林的意见。斯大林回答说，他看过了内容，他完全赞同这个宣言和它的全部内容，虽然他不能做出任何承诺。他强调朝鲜应当独立，满洲、福萨摩和澎湖列岛应当归还给中国，这都是正确的。[②]

德黑兰会议期间，尽管没有发表任何有关朝鲜问题的书面宣言，但美苏两国首次就朝鲜独立达成口头共识。

---

① 《德黑兰 雅尔塔 波茨坦会议记录摘编》，上海：上海人民出版社，1974年，第55—56页。

② 《德黑兰 雅尔塔 波茨坦会议记录摘编》，第57—58页。

雅尔塔会议

到1945年，二战已接近尾声，欧洲战场的胜利已指日可待，但在亚洲和太平洋战场，对日作战的形势却让人颇感艰难。在太平洋战场上已处于绝对劣势、陷入被动挨打局面的日军，仍和美军逐岛展开争夺，致使战事异常惨烈，双方都在漫长的岛屿争夺战中损失惨重。而在中国大陆及东南亚的大洋上日军依然占据着大片陆地和众多的岛屿。为了尽快结束太平洋战争，美国迫切希望苏联早日参与对日作战，以便牵制日本在中国领土上的军队，使之不能增援日本本土诸岛的作战。雅尔塔会议正是在这样的背景下于2月4日至11日召开。会议内容包括对德问题、波兰问题、远东问题、联合国问题等，而核心议题之一就是通过对战后格局安排的商讨，达成苏联对日作战的条件。雅尔塔会议对战后世界格局的形成产生了深远影响，以《雅尔塔协定》为主体的雅尔塔体系塑造了战后的国际政治格局。

2月8日下午，罗斯福与斯大林在立瓦达宫举行会谈。在会谈中，罗斯福主动提出，希望同斯大林讨论托管问题。罗斯福称，他考虑将朝鲜交由苏联、美国、中国三国代表共同托管。罗斯福说，美国对此类事件的唯一经验是菲律宾，总共费时约50年，菲律宾人民便可组成自主政府。他预计，朝鲜可能要费时20年至30年。斯大林说时间愈短愈好，并询问是否将有外国军队驻留朝鲜。罗斯福作否定答复，斯大林表示同意。罗斯福称，关于朝鲜，还有一个非常微妙的问题，他个人觉得没有必要邀请英国参加朝鲜托管，但他认为英国必会反对。斯大林认为这必将得罪英国，他个人意见是应该邀同英国参加。[①]

从上述斯大林与罗斯福的谈话中可以看出，美国认为，朝鲜人民还不具备自我管理能力，因此需要长期监管，而这一期限不少于20年。苏联原则上没有反对建立托管体制，但强调托管是短期的，且“越短越好”。苏联学者认为苏联之所以没有反对托管朝鲜，是因为苏联对托管这个概念的理解完全与美国不同，苏联将美国的托管概念幻化成了苏式的“监管”概念。苏联将监管看作全面帮助朝鲜人民获得民族独立的一种方式，使朝鲜在准备自我管理时不受外界干扰。“实行苏联概念下的这种监管，将有助于朝鲜培养民族干部，建立民主机构，并相应的加速国家完全独立的进程。”[②]这自然是苏联学者的一种说辞，不过苏联之所以认同托管制，其原因可能更在于：一来苏联渴望通过托管朝鲜这一案例，“分享”欧洲及亚太其他托管区域的参与权；二来苏联也有信心对朝鲜实施影响力，在朝鲜建立一个亲苏的政府。

美国对托管制的定义却大不相同，罗斯福政府构想的托管制是一种联合国框架下的托管制。当时的美国自恃实力强大，坚信在其倡导建立的联合国中必将获得绝对优势，这样自然能

---

① *FRUS, 1945, The Conferences at Malta and Yalta,* Washington D.C.: U.S. Government Printing Office, 1955, p.770.

② Петухов В.И. У истоков борьбы за единства и независимость Ксреи, Москва : Наука, 1987, c.28.

在托管问题上获得更多主导权，因此征询盟国意见，把托管制纳入联合国框架是当时美国外交的重点。在2月9日的外长会议上，美国国务卿斯退丁纽斯（Edward R.Stettinius）提议，在召开联合国成立大会邀请书上，写上一段关于交换托管问题的意见，并解释道，联合国组织应有处理托管和设立相应机构之权。经过讨论，外长们一致同意，在邀请书上不提托管问题，但五个常任理事国在联合国大会召开之前，可以先对托管问题交换意见。[①]不过，这一结果因为可能触及英国的利益，而在下午的首脑会议上遭到丘吉尔的强烈反对。对此，斯退丁纽斯解释道，拟议设立的托管机构无意涉及英国，它仅处置法西斯国家的附属地区，比如日本在太平洋上的岛屿。[②]

最终，苏、美、英商定了未来联合国宪章可以包含国际托管制度的规定，并确定了使用托管制度的领土范围：（1）现在委任统治下的领土；（2）因此次战争结果或将自敌国割离的领土；（3）负管理责任的国家自愿置于该制度下的领土。但托管制度的具体条款则留待旧金山会议议定。[③]

根据目前所公布的雅尔塔会议记录，会谈中并未涉及朝鲜的归属问题，然而在会后却出现了所谓“将朝鲜置于苏联势力范围”的“雅尔塔密定”说，这引起了朝鲜人民的极度恐慌，

① *FRUS, 1945, The Conference at Malta and Yalta,* p.844；《战后世界历史长编》第一编第一分册，第77页。

② 《战后世界历史长编》第一编第一分册，第77页。

③ 《战后世界历史长编》第一编第一分册，第506—507页。

为此中韩人民同盟会主席韩吉洙5月19日特致函美国务院质询。[①]美国国务院断然否定了这一谣传。5月21日，国务院远东司司长巴兰坦（Ballantyne）代斯退丁纽斯签署了一份否认文书，交给朝鲜临时政府首任主席李胜民及中韩人民同盟会主席韩吉洙。[②]6月8日，美国代理国务卿格鲁（Joseph C.Grew）发表演说，阐明了美国对朝鲜所持的政策，演说称："不久以前，外界曾传美政府在雅尔塔会议中曾缔结一项违反开罗宣言有关朝鲜的协定，这种谣传已经美国务院在答复接到询问时正式否认，而在中国和美国的各朝鲜领袖已经认为这些谣传毫无根据。随着对日战事的进展，朝鲜人民将在击败日本和解放他们的本土的工作中，占一更重要地位。我们看到美国与朝鲜之间悠久而亲密的邦交，美政府热切期待朝鲜能在世界上自由和独立国家中，取得他们适当的地位。"[③]"雅尔塔密定"风波终于在经美国政府官方正式否认后逐渐平息。

雅尔塔会议商谈过程中有提及朝鲜，但仅仅是把朝鲜作为一个可以适用托管制的地区案例。虽然美国国务院在会议召开前曾准备了一些有关朝鲜的具体建议，包括一个警告——认为

① 《中央日报》，1945年5月22日，刘金质等编：《中朝中韩关系文件资料汇编（1919—1949）》（中卷），北京：中国社会科学出版社，2000年，第1022页。

② 《中央日报》，1945年5月23日，刘金质等编：《中朝中韩关系文件资料汇编（1919—1949）》（中卷），第1022页。

③ 《新华日报》，1945年6月10日，刘金质等编：《中朝中韩关系文件资料汇编（1919—1949）》（中卷），第1025页。

整个国家必须作为一个独立的占领区，[1]但秉承大国相互合作思路的罗斯福却忽视了这些建议。在雅尔塔会议后，“雅尔塔密定”说曾一度甚嚣尘上，但雅尔塔会议实际并没有对朝鲜问题作出什么确切承诺。罗斯福在会谈中谈到战后可能要托管朝鲜，只是为了向斯大林解释托管的含义是什么，以劝使他同意在联合国宪章中加入托管的原则。而斯大林对托管政策的口头认可，则被罗斯福视为战后苏联与美国在朝鲜问题上展开合作的某种口头承诺。

旧金山会议

旧金山会议是二战末期同盟国制定和通过《联合国宪章》的国际会议，于1945年4月25日至6月26日在旧金山举行。旧金山会议由美、英、苏、中四国发起，以“建立一个普遍的国际组织，以维持和平与安全”为目标，邀请《联合国家宣言》的签字国和参与国参加，共有50个国家的代表出席了此次会议。

由于雅尔塔会议决定将托管制度的具体条款留待旧金山会议议定，国际托管制因而成为旧金山会议的议题之一，相关的讨

① 这一警告指的是美国国务院1945年1月10日为雅尔塔会议准备的战后朝鲜局势的参考简报，报告中主张：军事占领仅限于对朝鲜未来进程关心的、与朝鲜素有渊源的包括中苏在内的四大国及其他少数国家，考虑到异国占领的负面效应必须加以排除。占领后的军政府并不是在中央集权原则下被分裂的区域，而是在单一行政体制下的国际托管形式，为此迫切需要联合军内部在事前达成一致。但有记录显示这份材料罗斯福总统并未阅读。详见*FRUS, 1945, The Conferences at Malta and Yalta*, pp.358-361.

论首先在五大国（美、英、苏、中、法）协商小组内进行。

美国代表团最早提出“关于国际托管安排”的方案，方案规定：“托管制度的基本目的应为（1）促进国际和平及安全；（2）增进托管领土及其居民的政治、经济和社会的进展以及其趋向自治的逐渐发展；（3）对所有会员国的国民在托管领土的经济和其他政党的平民活动给予非歧视待遇。”它把托管领土分为战略防区和非战略领土两类，规定：“联合国关于战略防区的各项职能，包括此项托管安排的核准及其变更或修正，应由安理会行使。”“联合国关于所有其他领土的托管安排的职能，由大会行使。”设立托管理事会，成员由下列代表组成：“（1）管理托管领土的国家各指定一个人；（2）由大会选举的同等数目的其他国家各指定一人，其任期为三年。”①

英国为确保英国现有的殖民统治，防止别国插手，于5月4日提出了自己的方案，方案规定托管制的主要目的是为“不能自立”的区域的居民谋“福利”，英国反对把托管领土分为战略防区和非战略领土，它力图使托管领土尽量不受国际机构的控制，不同意设立托管理事会，而只主张在经济及社会理事会下成立一个专家委员会；它还主张各托管领土可实行“商业限制”，反对“门户开放”。②

5月10日，中国代表团提出了对美国方案的修正案，主张在

① Russell, Ruth B.: *A History of the United Nations Charter*, pp.1030-1031，转引自《战后世界历史长编》第一编第一分册，第507—508页。

② 《战后世界历史长编》第一编第一分册，第508页。

托管制度的基本目的中增加下列内容："依照各区及人民具体情形之所宜，推动他们向独立或自治政府途径发展。"[①]

苏联代表团提出的修正案则主张，"由这些领土的人民积极参加的自治和自决，其目标是促进他们获得完全的民族独立列为托管制的基本目的之一"。[②]为了进一步表明苏联支持从属国独立的立场，莫洛托夫（V. M. Molotov）在旧金山会议上发言说：从保障国际安全的角度出发，苏联代表团认为没有什么比让所有从属国尽快走上国家独立道路而更为迫切的事情了，这就需要借助以实现人民平等与自觉原则为己任的联合国的力量。苏联将以积极的姿态，参与到相关问题的审议中去。[③]从上述声明中可以看出，苏联将托管制作为自己在殖民地使其主张和影响进一步合法化的手段，为扩大苏联的势力范围、实现苏联的国家利益而加以利用。

托管制条款经五大国协商小组讨论后，交由第二大组委员会第四委员会（关于国际托管委员会）审议并讨论，最终于6月10日达成协议，规定托管制度的基本目的之一是："增进托管领土居民之政治、经济、社会及教育之进展；并以适合各领土及其人民之特殊情形和关系人民自由表示之愿望为原则，且按照各托管协定之条款，增进其趋向自治或独立之逐渐发

---

① 大公报：《旧金山会议实录》下卷，大公报馆，1945年，第5—6页，转引自《战后世界历史长编》第一编第一分册，第509页。

② Russell, Ruth B.: *A History of the United Nations Charter*, p.815, footnote 37, 转引自《战后世界历史长编》第一编第一分册，第509页。

③ 李在都：〈모스크바信託統治協定과 韓半島政治變化에 관한研究〉，第27—28页。

展。”托管制以政治的非合并主义、经济的门户开放、对当地社会的发展和人权及自由的尊重、增进国际的和平与安全为基本原则。[①]

在制定托管制度条款的过程中，美国的作用是主导性的。美国大体上以反殖民地的主张为基础推进托管制的构建，以帮助殖民地人民实现自治作为托管目标；英国出于本国利益，对于构建托管制并不积极，面对美国的施压，英国试图维护殖民地自由，但鉴于英国战后实力的衰减，最终的结果只能是对美国的主张加以让步；相对而言，苏联顺应反殖民趋势，参与态度积极，但强调以实现殖民地独立为托管目标；中国基本接受了美方提出的方案，但在托管目标问题上与苏联一致。可以说，在旧金山会议上，尽管四大国在托管制度的具体条款细节上存在分歧，但最终在相互妥协后达成一致，托管制被写入联合国宪章即为最好证明。

联合国旧金山会议之后，情况进一步明确，在互换照会时，美国和苏联同意：短时期的四大国（美国、英国、中国和苏联）托管，将是朝鲜未来独立的最好保证。

波茨坦会议

德国宣布无条件投降后，为了解决处置德国和战后欧洲的

---

① 参照《联合国宪章》第十二章国际托管制，http://www.un.org/chinese/aboutun/charter/chapter12.htm。

一系列问题，1945年7月17日到8月2日，苏、英、美三国首脑在柏林附近的波茨坦举行会议，这也是二次大战期间最后一次三国首脑会议。赴会的三国领导人也发生了变化，罗斯福于4月12日因脑溢血逝世，其继任者杜鲁门（Harry S.Truman）第一次代表美国参加会议。会议进行期间正值英国大选，丘吉尔半途回国参加大选，落选后由新任英国工党首相艾德礼（Clement Richard Attlee）及新外长贝文（Ernest Bevin）参加了最后几天的会议。

尽管波茨坦会议的重点是解决战后德国和战后欧洲的问题，但就远东地区对日作战、赔款问题也进行了讨论，苏联在会上重申按时参加对日作战的立场。令人奇怪的是，波茨坦会议中谈到对日作战问题，却未谈到朝鲜问题。据杜鲁门后来回忆："在我同斯大林和英国首相在波茨坦举行的会议上，莫洛托夫曾经提到朝鲜问题，但没有进行讨论"。[①]也就是说，苏联主动提及朝鲜问题，美国却没有给予回应。

要知道，美国在朝鲜问题上并不是无备而来。在会议召开前，美国国务院和军方分别就朝鲜问题向杜鲁门递交报告。在美国国务院为波茨坦会议准备的报告中指出，如果苏联借参加对日作战的机会要求在"处理朝鲜事务中占主要地位"，美国必须予以反对，方法是建议将朝鲜作为"联合国属下的

① 【美】杜鲁门：《杜鲁门回忆录：考验和希望的年代1946—1953》，北京：世界知识出版社，1965年，第370页。

托管地”。[①]而会议开幕前一天，美国陆军部长史汀生（Harry Stimson）又向杜鲁门提交了一份详尽的备忘录，提醒杜鲁门，罗斯福和斯大林在雅尔塔曾讨论过战后国际托管朝鲜的问题。备忘录中称：“据我所知，俄罗斯人曾同意（对朝鲜）实行一种四方托管的办法，但未曾就进一步的细节达成协议。我知道，斯大林曾力主外国军队不得驻在朝鲜，我又获悉，俄国人早已训练了一个或两个师的朝鲜人，我猜想，将把他们用于朝鲜。倘不在朝鲜建立一种国际托管制度，甚至即便是建立了那样的托管制度，这些朝鲜师或许将施加控制和影响，以建立一个在苏联统治之下的地方政府，而不是独立的政府。这是一个一直在远东的波兰问题。我建议，加紧要求实行托管。我又建议，在托管期间，至少要有一批象征性的美国军队或海军陆战队驻在朝鲜。”[②]按理说，在美国国务院和军方同时提出对朝鲜实施托管建议的情况下，杜鲁门没有理由不抓住这次首脑会议的机会，再次同苏联、英国确认并落实托管朝鲜的各项事宜。但杜鲁门采取了避而不谈的态度。

会议期间，美国陆军参谋长马歇尔（George Catlett Marshall）将军致信杜鲁门，再次提及朝鲜问题，建议按参谋长联席会议的意见处理朝鲜问题，即把朝鲜也列入到占领计划中来。太平洋战区总司令麦克阿瑟（DouglasMacArthur）将军也建议东京和

---

① *FRUS, 1945, vol.2, The Conference of Berlin*（*the Potsdam Conference*），Washington D.C.: U.S. Government Printing Office , 1960, p313.

② *FRUS, 1945, vol.2, The Conference of Berlin*（*the Potsdam Conference*），p.631.

汉城应首先加以占领，其次是釜山，再次是朝鲜西海岸的群山地区。于是，马歇尔请求杜鲁门，授权麦克阿瑟在战争结束后的短期内派一个师在釜山登陆。马歇尔提出，朝鲜半岛上其他具有战略意义的地区还应包括靠近西海岸的汉城和在日本海北部的清津。马歇尔希望如果苏联人参加占领的话，他们应占领清津，然后进入满洲，或许还可进入华北。马歇尔认为美国在最初即控制朝鲜某些地方是完全必要的。[①]不过对于美国军方的这一建议，杜鲁门再次选择忽视。

杜鲁门在波茨坦会议中没有主动谈及朝鲜问题，其原因可能在于：一、当时远东问题并非迫在眉睫，1945年5月德国刚刚投降，解决德国问题和战后欧洲问题更为紧迫，波茨坦会议的中心议题也在于此；二、美国估计太平洋战争将旷日持久，因此尚有充裕时间讨论朝鲜问题；三、美国对太平洋战争形势估计并不乐观。直到原子弹爆炸试验前一个月，美国军方制定的对日作战计划，依然预测对日战争“将非常惨烈，损失也很重大”。[②]出于减少美军伤亡、早日结束太平洋战争的目的，杜鲁门政府急于取得苏联参加对日作战的承诺，因此在远东事务上，避免因朝鲜问题引起苏联的反感。

反倒是苏联人主动打探起美国人在朝鲜问题上的立场。在

---

① 【美】施纳贝尔等著，国防大学译：《美国兵在朝鲜：战争爆发前后》（第二卷），北京：国防大学出版社，1994年，第9页。

② 杜鲁门：《杜鲁门回忆录：决定性的一年1945》，北京：世界知识出版社，1964年，第315页。

波茨坦，苏军总参谋长安东诺夫（A.I.Antonov）告诉马歇尔将军，苏联在对日宣战后将进攻朝鲜。他问美国是否可以为配合这个进攻，在朝鲜海岸实施军事行动。马歇尔告诉他说，在日本未被摧毁，日本在南朝鲜的军事力量未被消灭以前，美国不准备对朝鲜实施两栖作战。[①]马歇尔作为军方人士，尽管其本人持美军应当登陆占领朝鲜的观点，但服从于美国总体的战略布局，对苏联的试探予以否定回答。

有一种观点认为，在波茨坦会议上，军事参谋人员讨论了苏军和美军分两个区占领朝鲜的问题。[②]但也有反对意见称，美国人在会议中并未与苏联人磋商划分占领一事，因为波茨坦会议记录里未曾有过划界的记载。[③]据杜鲁门回忆，波茨坦会议期间，美、英、苏三国军事长官开会时曾同意："在俄国参加太平洋战争以前，应当在朝鲜整个地区就美国和俄国的空军和海军的作战范围划一条界线。至于地面上的作战或占领区域，没有进行任何讨论，因为当时没有人想到，不管是美国的或者是苏联的地面部队，会在短期内进入朝鲜。国际会议上从来没有讨论过以三八线作为在朝鲜的分界线这个题目。由于日本战争机构的突然崩溃，在朝鲜造成了真空局面，美国提出三八线，作为一

---

① 【美】施纳贝尔等著，国防大学译：《美国兵在朝鲜：战争爆发前后》（第二卷），第9页。

② 【英】F·C·琼斯、，休·博顿、R·B·皮尔恩著，复旦大学外文系英语教研组译：《国际事务概览（1939—1946年）· 1942—1946年的远东》（下册），上海：上海译文出版社，1979年，第640页。

③ 【美】约瑟夫·古尔登著，于滨等译：《朝鲜战争——未曾透露的真相》，北京：北京联合出版公司，2014年，第17页。

种切实可行的解决办法。”[①]由此可知，划分三八线，美苏分区占领朝鲜，都是苏联对日作战之后的事情，而并非在波茨坦会议期间就已商定。

从战时会议美苏交涉朝鲜问题的情况来看，美苏在这一时期采取了一种为实现相互合作而尽量避免刺激对方的态度。罗斯福本着与盟国协商解决战后殖民地的原则提出托管制，并强调在联合国框架下实施托管制，是由于美国自恃战后雄厚实力，坚信能将托管控制在可操控的范围内，从而占据更多的主动权。美国在托管朝鲜问题上寻求苏联的首肯和合作，也是希望借托管制减小苏联对朝鲜的影响力，防止朝鲜被一国单独控制。苏联在托管朝鲜问题上的积极合作的态度，让美国进一步增强信心，将托管政策视为战后解决朝鲜问题的最佳方案。1945年罗斯福的突然离世、杜鲁门的接任，并未对美国战后对朝政策产生大的影响，杜鲁门政府尽管对托管朝鲜持谨慎态度，但在接任初期仍然延续了罗斯福政府的政策立场，在托管朝鲜问题上继续与苏联展开合作。

---

① 杜鲁门：《杜鲁门回忆录：考验和希望的年代1946—1953》，第370页。

第二章　三八线的出现

一、三八线的划分

当同盟国在欧洲战争中的胜局已定后，美国出于在太平洋战争决战时减少美军伤亡以及限制苏联战后在远东扩张的双重目的，急于取得苏联参加对日作战的承诺并明确其政治条件。不过斯大林一直没有对此表态。直到雅尔塔会议，苏联才明确参加对日作战的政治条件，即恢复日俄战争前沙皇俄国在远东的势力范围，包括维持外蒙古独立、归还库页岛南部及邻近一切岛屿、交还千岛群岛、取得大连港和旅顺港的使用权、获得中东路和南满铁路的经营权等。波茨坦会议上，苏联重申对日作战立场，但没有给出具体的出兵日期。

1945年8月美国在日本投放原子弹，太平洋战争局势发生突变，苏联不得不重新考虑其在远东的地位。在中苏谈判[①]尚未有结果，参战的政治条件尚未得到明确保证的情况下，苏联宣布提前出兵东北和朝鲜，对日作战。

苏联制定的对日作战方针规定，苏军的主要任务是歼灭日本的关东军，即把中国东北和北朝鲜从日本侵略者手中解放出来，然后攻取南萨哈林群岛和千岛群岛。由此制定的作战计划是，在东、北、西三个战略方向向中国东北地区的纵深推进，分割关东军的主要战略集团。担任东线作战的苏联远东第一方面军在中朝邻接地区采取辅助性作战行动，目标是控制这一地区，切断日军向朝鲜撤退的通道，为尔后向朝鲜推进创造条件。[②]

8月9日凌晨，苏联150万大军分三个方向对关东军发起突然性进攻，苏联的提前出兵加速了日本的无条件投降，同时也把一直处于相对次要地位的朝鲜问题提上了盟国讨论战后远东问题的议事日程。面对兵力衰弱、士气不振的关东军，苏军的进展非常顺利。8月9日、10日两天，苏军的太平洋舰队航空兵对朝鲜的雄基、罗津和清津进行密集轰炸、扫射，摧毁了日军舰船和岸上的军事目标。与此同时，苏军的鱼雷艇也向日本的港口和基地实施了突击。在太平洋舰队的协助下，苏联第25集团军在8月10日占领了庆兴市，并开始追剿沿朝鲜东海岸道路撤退的关东军。12日至13日苏军在朝鲜东海岸的清津、雄基和罗津

① 这里的中苏谈判指的是苏联政府与国民政府签订《中苏友好同盟条约》的谈判。

② 马·瓦·扎哈罗夫编：《结局（1945年打败日本帝国主义历史回忆录）》，北京：战士出版社，1972年，第88、90、91页；弗诺特钦科：《远东的胜利》，沈阳：辽宁人民出版社，1979年，第39、45页，转引自牛军：《战后美国对朝鲜政策的起源》，第54—55页。

各港口登陆。①

当大批苏军开始“涌进”朝鲜时，此时距离朝鲜半岛最近的美军部队尚在数百公里以外的冲绳岛。为了使疾速推进的苏联红军停滞下来，美国参谋长联席会议责令陆军部提出一项关于阻止苏军南下的办法。8月10日深夜，陆军部部长助理麦克洛伊（John Jay McCloy）与助理国务卿邓恩（Dunn）、海军部高级官员巴德（Bard）等人在五角大楼连夜举行国务院—陆军部—协调委员会会议。会上，国务院代表出于政治考虑，提出“美国军队应赶到尽可能北面的地方去受降”，但是军方认为，由于“面临着缺乏立刻可资调遣的美国部队的局面，以及时间和空间的因素，这些都会使美国部队很难抢在苏军之前抵达北部纵深地区”。于是麦克洛伊紧急命令迪安·腊斯克（Dean Rusk）上校和博尼斯蒂尔（Charles Bonsteel）上校到隔壁房间去搞出“一条尽可能向北推进”但又不致“被苏联拒绝”的界线，换言之就是一个既能满足国务院的政治意愿、又符合军事现状的折衷方案。正是在这次匆忙的会议上，腊斯克上校提出了以北纬三十八度线作为朝鲜受降的分界线。②

8月15日，杜鲁门给斯大林发去密电，通报了已经由他批准的给盟军最高司令官麦克阿瑟的有关日本武装部队投降细

---

① 【日】林三郎编著，吉林省哲学社会科学研究所日本问题研究室译：《关东军和苏联远东军》，长春：吉林人民出版社，1979年，第170页；Ачкасов В.И. гла.(ред.) История второй мировой войны 1939—1945, Том11, Москва：ВИМО СССР, 1980, с.276-277.

② *FRUS, 1945, Vol.6, The British Commonwealt*h, *The Far East,* Washington D.C.: U.S. Government Printing Office, 1969, p.1039.

节的“总命令第一号”，该命令的内容之一即是以三八线为分界线，确定了美苏双方在朝鲜半岛的受降区域。8月16日，斯大林复信表示，“基本上不反对命令的内容”，对于有关朝鲜分界线的问题也没有提出异议。9月2日，麦克阿瑟在东京湾密苏里号舰上举行的日本投降签字仪式后，发布了“总命令第一号”，其内容根据斯大林提议略有修改。命令宣布：“驻北纬三十八度线以北的朝鲜、满洲、库页岛、千岛列岛等地的日本军高级指挥官以及陆、海、空军和辅助部队，应向苏联远东军最高司令官投降；日本帝国政府大本营和驻日本本土及其周围诸岛以及驻北纬三十八度线以南的朝鲜、琉球列岛等地的日本军高级指挥官以及陆、海、空军和辅助部队，应向美国太平洋地区陆军最高司令官投降。”①

8月19日，苏军进驻平壤，23日越过三八线南下到达开城。24日苏联空降兵在咸兴和平壤登陆。苏军进入朝鲜境内后，不断向南推进，开始接受这些城市中日本驻军投降的同时，也在解除日本军队、宪兵队和警察的武装。8月底，三八线以北的朝鲜全境得到解放。②当9月2日受降命令发布时，分兵进击的苏联军队早已经越过了三八线，正沿着公路向汉城（今首尔）运动，但苏军一接到有关分界线的命令后，就迅速撤回到

① 苏联外交部编：《1941—1945年苏联伟大卫国战争期间苏联部长会议主席同美国总统和英国首相通信集》第2卷，北京：世界知识出版社，1963年，第262—264页；【韩】国防部战史编纂委员会编，固城等译编：《朝鲜战争（第一卷）：中共军参战及联合国军重新反攻》，牡丹江：黑龙江朝鲜民族出版社，1988年，第23页。

② Ачкасов В.И. гла.(ред.) История второй мировой войны 1939—1945, Том11, с.282.

三八线以北。有美国学者认为，这是苏美在朝鲜的最后一次名副其实的合作。[①]9月8日，美军第24军在仁川登陆，9月9日，军长霍奇（J. R. Hodge）中将接受了三八线以南的日本部队的投降。三八线作为美苏两国在朝鲜受降和实行军事占领的分界线便被明确地规定下来，此后，朝鲜半岛以三八线为界被分割为南北两个部分。

对于美国提出三八线的原因，时任美国总统的杜鲁门给出的解释是："日本战争机构的突然崩溃，在朝鲜造成了真空局面，我们提出三八线，作为一种切实可行的解决办法。我们在那里没有军队，没有可供我们部队在这个半岛的南半部好几个地方登陆的船只。美国国务院极力主张在整个朝鲜的日本部队应由美国受降，但是我们要是以必要的速度把军队运送到朝鲜北部，那就无法保证我们在日本抢先登陆，鉴于斯大林已经同意共同托管的主张，我们希望把这个国家划分为两部分只是为了便于接受日本投降，随后再使整个半岛受到共同的管制。"[②]此举既符合美国提出的共同托管的主张，又可阻止苏联独占朝鲜。

如果说美国提出三八线的动机合情合理，那么苏联痛快接受三八线的方案则令人匪夷所思，因为按照当时苏军在朝鲜半岛所取得的军事优势，苏联完全可以拒绝这一方案。正如迪安·腊斯克上校在后来的一份备忘录（1950年7月12日）中承认："如果这条线为苏联所拒绝，美军按实力并不可能到达这

① 【美】约瑟夫·古尔登著，于滨等译：《朝鲜战争——未曾透露的真相》，第18页。

② 杜鲁门：《杜鲁门回忆录：考验和希望的年代1946—1953》，第370页。

么北面，但我们认为把朝鲜的首都包括在美军管辖区内是很重要的，因此还是提出这条线。”苏联接受三八线的初衷可能在于对日本本土占领的诉求。在划定三八线为军事分界线、美苏两军即将全面进驻朝鲜半岛南北部前夕，1945年8月20日，斯大林曾向苏联全军下达了第一号一般命令，命令苏联陆海军全力进驻日本北海道，因为北海道位于三八线以北。就在斯大林下达命令的同时，苏联驻日代表库兹马·杰列维扬科（Kuzma Derevyanko）中将拜访了麦克阿瑟将军，申明苏军将进驻北海道。麦克阿瑟当场以强硬口气驳斥道，没有他本人的许可，哪怕是一兵一卒登上北海道，都将立即逮捕，包括杰列维扬科中将在内的苏联驻日代表部全体人员。[①]也就是说，斯大林希望三八线作为军事占领的分界线可以向东延伸至日本本土，以苏联放弃对朝鲜半岛南部的占领来换取对于日本本土北部的占领，由此参与对日本本土的受降。不过在被麦克阿瑟强硬拒绝后，苏联也没有再在这个问题上锱铢必争，毕竟和欧洲事务相比，朝鲜位于远东地区，不属于苏联核心利益范畴。

三八线的出现，导致朝鲜半岛被划分为南北两个部分，美苏由此开始了对南北朝鲜的分区占领，并将在朝鲜半岛成立对各自友好的政府作为各自对朝政策的最优化目标。[②]

---

① 详见【韩】国防部战史编纂委员会编，固城等译编：《朝鲜战争（第一卷）：中共军参战及联合国军重新反攻》，第580—581页。

② *FRUS, 1946, Vol.8, The Far East,* Washington D.C.: U.S. Government Printing Office, 1971, pp.652-654.

二、苏联对北朝鲜的占领政策

苏军于1945年8月10日进入朝鲜境内，到8月25日完成对朝鲜北部的占领，但苏联方面并没有立即制定一个对北朝鲜的占领政策。直到9月20日，斯大林给苏联远东军总司令华西列夫斯基（A.M.Vasilevskii）和滨海军区①军事委员会、第25集团军军事委员会发去密电报，苏联才算有了一个关于占领朝鲜政策的明确命令，其内容如下：

一、不要在北朝鲜领土上建立苏联政府的委员会和其他机构。

二、帮助北朝鲜在广泛联合各抗日民主政党和团体的基础上建立资产阶级民主政府。

三、在红军占领的朝鲜各地区，不要阻挠当地人建立抗日民主团体和政党，而要对他们的工作予以帮助。

四、向当地居民解释清楚：

（1）红军进入北朝鲜是为了消灭日本侵略者，而不是为了在朝鲜实施苏联的制度，也不是为了获取朝鲜的领土。

（2）北朝鲜公民的私人和公共财产均受苏联军事当局的

---

① 1945年9月3日，远东第一方面军撤销，由滨海军区取而代之。滨海军区是1945—1953年苏联的一个军区。1945年9月组建，1953年5月被撤销。后归入远东军区。历任司令：1945年10月—1947年10月为苏联元帅K.A.梅列茨科夫，1947年6月—1953年5月为C.C.比留佐夫上将。中国人民解放军军事科学院编译：《苏联军事百科全书》（第4卷），北京：中国人民解放军战士出版社，1982年，第68—69页。

保护。

五、鼓励当地居民继续自己的和平工作，保护工业、贸易、市政和其他事业的正常运行，鼓励居民遵守苏联军事当局的规定和命令，帮助他们确立社会秩序。

六、命令驻北朝鲜的部队严格遵守纪律，行为端正，不得欺辱居民。不得干预宗教活动和仪式，不许触动寺庙和其他宗教设施。①

不过，上述电报只是一道内部命令，并未公开。直到10月12日发布的《驻朝鲜苏联第25集团军司令官命令》，才将苏联的占领政策公布于众，这道命令几乎重复了9月20日命令第4至6条的全部内容，但却删去了前两条。②

应该说，北部的情况对苏军来说是较为有利的。首先，苏军是在日本投降前进入朝鲜北部的，在向南推进的过程中，马上就从日本人手中接管了控制权，不存在一个政治上的空档期。其次，苏联没有处置日本官员的问题，在苏联对日宣战后，殖民政府中位高权重的日本人，早已经从北部逃往南部。③为了进一步根

① ЦАМОРФ, ф.66, оп.178499, д.4, л.632-633, 转引自Почтарев А.Н. Из истории советско-корейских отношений в 1920-1950-е годы. // Новая и новейшая история. 1999.№5, с.145；Lee In Ho, "The Soviet Military Government in North Korea", *Korea Observer*, 1992, Vol.23, №4, pp. 526-527。

② 关于10月12日命令公布的情况，参见列别杰夫关于苏联驻北朝鲜民政管理局的工作总结（政治部分），1948年12月，АВПРФ, ф.0480, оп.4, п.14, д.46, л.6。

③【英】F·C·琼斯、休·博顿、R·B·皮尔恩著，复旦大学外文系英语教研组译：《国际事务概览（1939—1946年）·1942—1946年的远东》（下册），第645页。

除北朝鲜日本殖民势力的影响，帮助北朝鲜建立民主政府，苏联从一开始就通过朝鲜人来管理地方政府。这种管理方式似乎从俄罗斯的历史上也能找到某种因袭，在沙皇俄国时期，帝国在征服亚洲后，由于帝国的中心与边缘相距甚远，合格的管理者人数又有限，因此在大多数地区，帝国从一开始就启用当地精英，以代表俄国行使统治权。①

朝鲜半岛光复后，各种各样的地方自治机构相继建立，并承担起了管理地方的职责，以替代日本人的行政机构，保持社会稳定，保护和控制公共设施以及工业、交通设施等。北朝鲜的整个政治和经济生活，就由苏联军事指挥部通过各地方的自治机构实施领导：在里是里长，在面和郡是人民委员会，在市是市政委员会。②人民委员会在各民主团体协议的基础上成立。北朝鲜整个6个道的人民委员会均由苏联军事指挥部审批，总人数约有10000多人。此外，还成立了10个负责某些经济和行政部门工作的单独的部，隶属于第25集团军司令员，这些部的负责人也都是朝鲜人。③

不过，苏联人很快发现："各级人民委员会的工作人员大

---

① 【挪】安立文著，牛可等译：《全球冷战：美苏对第三世界的干涉与当代世界的形成》，北京：世界图书出版公司，2012年，第38页。

② 朝鲜的行政区划分为道（相当于省）、市、郡（相当于县）、面（相当于乡）、里或洞（相当于村）。

③ 《关于北朝鲜政治局势的调查报告》，1945年12月，АВПРФ, ф.013, оп.7, п.14, д.46, л.4-13, 沈志华：《朝鲜战争：俄国档案馆的解密文件》（上册），台北：中研院近现代史研究所，2003年，第41页。

多精力充沛、有为劳动人民服务的热情，但他们没有从事行政工作的经历、缺少领导经验，还不能找到解决朝鲜面临重要问题的有效方法。”[①]为了解决朝鲜人行政能力欠缺的问题，1945年10月初，[②]第25集团军司令奇斯佳科夫（I.M.Chistiakov）上将向远东第一方面军司令梅列茨科夫（K.A.Meretskov）元帅建议成立一个特别机构来负责管理民政事务。奇斯佳科夫上将认为："我们对朝鲜民众的生活状况知晓越多，沉重感就越强烈。我们为可怕的贫穷、无安身之所、文盲众多和瘟疫不断所震惊。经过对朝鲜现状的研究，我们认为解决这项民事任务远比行军打仗困难得多，国家生活建设需要时间和有经验的领导者。我和我的同事毕生从戎，对处理这些问题并无准备。应当创建支持朝鲜人民的专门机关。”[③]梅列茨科夫批准了这个建议，滨海军区军事委员会委员罗曼年科（A.A.Romanenko）少将成为这个主管北朝鲜民事工作机构的长官。10月17日，副外交人民委员洛佐夫斯基(S.A.Lozovskii)向莫洛托夫报告了梅列茨科夫关于建立北朝鲜民政局的建议。[④] 同年年底，苏

---

① Ю.В.Ванин и др.(Ред.) Освобождение Кореи .Воспоминание и статьи . –Москва : Наука, 1976, с .99.

② 苏联民政局成立时间说法不一。一说1945年9月，参见*Почмарев А.Н.* Из истории советско-корейских отношений в 1920-1950-е годы（20—50年代苏朝关系史）// Новая и Новейшая история, 1999, №5, с. 145。一说1945年10月，参见Lee In Ho, "The Soviet Military Government in North Korea"，结合现已公开的苏联档案，本文选取1945年10月的说法。

③ Ю.В.Ванин и др.(Ред.) Освобождение Кореи .Воспоминание и статьи, с. 51-52.

④ 洛佐夫斯基关于在北朝鲜建立民政局的报告，1945年10月17日，АВПРФ, ф.0102, оп.1, п.1, д.5, л.7-8。

联国防人民委员部正式下令在驻朝鲜苏军司令部设立负责民政事务的专职副司令，并领导一个由50名军官组成的民政管理机构——民政局，下设政治顾问部、工业部、财政部、收购贸易部、土地林业部、医疗卫生部、司法监察部以及对警察进行监督和领导的部门。滨海军区军事委员会依然任命罗曼年科担任此职，同时调入了大批各行业的专家，包括经济、金融、法律、交通等专业。[①]在苏军民政机构的领导和帮助下，人民委员会在北朝鲜实施了一系列措施，其中重要的措施包括：将土地租金从60%—70%降到30%；提高大米的采购价格（提高一倍）；取消日本人规定的某些税收，对于一些生活必需品确定固定价格。[②]这些措施无疑对稳定北朝鲜的经济民生状况起到了积极作用。

在帮助北朝鲜人民逐步恢复生活秩序的同时，苏联充分研究了未来可能在朝鲜实行的政策，特别是对建立统一的临时政府的立场。外交部第二远东司副司长扎布罗金（Zabrogin）在报告中写道，“未来朝鲜政府的性质不能不涉及苏联的利益，因为这个政府的性质将是决定朝鲜临时政府在未来的朝鲜国内外政策中如何行动的重要因素之一。所以，朝鲜在今后是成为我们新的忧虑的滋生地还是成为我们在远东安全的有力的立足点之一，就取决于未来朝鲜政府的性质了”。扎布罗金的结论是，

① 1947年5月，该机构被正式命名为苏联驻北朝鲜民政管理局，负责北朝鲜一切与民政有关的事务。参见列别杰夫关于苏联驻北朝鲜民政管理局的工作总结（政治部分），1948年12月，АВПРФ, ф.0480, о п.4, п.14, д.46, л.7-11。

② 《关于北朝鲜政治局势的调查报告》，1945年12月，АВПРФ, ф.013, оп.7, п.14, д.46, л.4-13，沈志华：《朝鲜战争：俄国档案馆的解密文件》（上册），第41页。

朝鲜政府的建立可以通过以下可能的方法实现：(1)在苏联、美国和中国三国政府的协议基础上建立朝鲜政府。以这种形式建立政府时，共产党人和真正的民主人士加入政府将会遭到朝鲜反动分子的强烈反对，因为这样的政府无疑将会赞成与苏联保持密切的联系。毫无疑问，这些反动分子将会寻求美国和中国政府的支持。(2)召开一次人民代表会议，必须通过普遍的、秘密的和平等的投票，选举产生全体朝鲜人民(卖国贼除外)的代表参加代表会议。人民会议必须宣布成立朝鲜共和国和建立朝鲜人民政府。这是解决建立朝鲜政府问题的更能够接受的形式。[①]

苏联驻日本大使马立克(Ia.A. Malik)也认为，苏联原则上不宜反对成立统一政府，但统一政府的性质将是决定朝鲜未来立场的一个决定性因素，苏联主要的任务是采取措施使朝鲜政府成员和工作性质有助于使朝鲜成为苏联在远东的一个安全据点，使朝鲜不变成某个对苏联不友善国家手中的反苏工具，并建议：(1)支持并且宣布恢复朝鲜的独立和主权。(2)表示支持建立由所有的朝鲜社会和政治组织参加的朝鲜临时政府。(3)所有的这些组织必须选举一个临时委员会以筹备召开立宪会议。(4)召开立宪会议之前，必须在各地的工人、农民、知识分子、教师、职员和其他阶层之间召开各种民主会议，以广泛讨

---

① 扎布罗金关于统一的朝鲜临时政府问题的报告，1945年12月，АВПРФ, ф.0102, оп.1, п.1, д.15, л.11-17, 转引自 Kathryn Weathersby, "Soviet Aims in Korea and the Outbreak of the Korean War, 1945-1950: New Evidence from the Russian Archives", *Cold War International History Project Working Paper*, No.8, 1993, p.13。

论并且提出参加立宪会议的代表和统一的朝鲜政府官员的候选人。(5)建立由苏联和美国代表组成的特别联合委员会以负责这项筹备工作(可能也要包括中国和英国的代表)。(6)解决因苏军和美军驻扎在朝鲜而产生的所有迫切问题,建立由苏军司令部和美军司令部代表组成的苏美特别委员会。①

从上述报告可以看出,1945年底苏联处理朝鲜问题遵循的两个原则:第一,在大国协调一致、特别是与美国合作的基础上,通过民主选举和立宪会议,建立统一的朝鲜政府;第二,考虑到苏联在远东的政治、经济和国防利益,未来朝鲜政府的性质对苏联意义重大,这在组织选举时必须加以考量。鉴于此,加强培养亲苏干部工作就显得极为必要。正如一份未经署名的《关于北朝鲜政治局势的调查报告》结论部分中所指出的:"军区和第25集团军的军事委员会,应该更加关心关于选拔和培养对苏联友好的、并能够确保加强我们国家在朝鲜政治地位的新民主主义干部的问题。"②

当时北朝鲜境内的主要党派有:以朴海南(Park Hae Nam)、金元凤(Kim Won Bong)为首的共产党、以曹晚植(Cho Man Sik)为首的朝鲜民主党以及以金策(Kim Chaek)为首的社会民主党。苏联最初选择曹晚植作为朝鲜中央行政管理机

① 《马立克关于建立朝鲜统一临时政府问题的报告》,1945年12月10日,АВПРФ, ф.0102, оп.1, п.1, д.15, л.18-21, 沈志华:《朝鲜战争:俄国档案馆的解密文件》(上册),第59—60页。

② 《关于北朝鲜政治局势的调查报告》,1945年12月,АВПРФ, ф.013, оп.7, п.14, д.46, л.4-13, 沈志华:《朝鲜战争:俄国档案馆的解密文件》(上册),第45页。

构——北方五道行政局委员会委员长，后因曹晚植在莫斯科会议后，坚决反对托管制度，拒绝与苏联占领当局合作，苏联最终选择了一个北朝鲜境外的政治集团——在苏军第88独立步兵旅服役的金日成（Kim Il Sung）和他的战友们。1945年10月，以金日成为首的第88旅第一营[①]官兵数十人随同苏联第一方面军第25集团军，乘坐苏联太平洋舰队的普加乔夫号船到达元山港。回到朝鲜后，第25集团军司令部给金日成安排的工作是担任苏联驻平壤军代表的助手（平壤卫戍副司令），他的战友则担任了北朝鲜各道、郡的领导职务。根据远东军区司令1945年10月12日命令，第88旅被解散。苏联支持金日成和他的战友们，是因为这些曾经在苏联战斗过生活过的朝鲜人主观上亲苏，回到朝鲜后能够成为苏联政策的积极的传播者。为了树立金日成的威信，所有部署在北朝鲜领土上的苏联军队的政治部、政治处都在为将其树立成“朝鲜人民的传奇英雄、争取朝鲜自由和独立的斗士”而开展工作。[②]1945年12月17日，北朝鲜共产党中央组织局召开第三次全体会议，选举金日成为第一书记，原第一书记金镕范（Kim Yong Beom）降为第二书记。1946年2月

① 第88独立步兵旅是一支侦察破坏部队，隶属于远东方面军司令部侦察处。第88独立步兵旅各部队和分队的人员中有中国人和朝鲜人，还有中国出身和朝鲜出身的苏籍公民。独立步兵旅的人员按照苏联方式装备并成为红军军队的一个部分。第88独立步兵旅的旅长是周保中。这个营的战士主要是朝鲜人，包括金日成（金成柱）、姜健（姜信泰）、崔庸健（崔石泉）、金策（金天民）、崔贤、安吉、金一、崔用珍、金光侠、徐哲、许凤学、崔忠国等，金日成、金策、姜健、崔庸健等的军衔为大尉。

② Почтарев А.Н. Из истории советско-корейских отношений в 1920-1950-е годы. // Новая и новейшая история. 1999.№5, с.149-150.

8日，在苏联占领当局的主持下，召开了北方各道、市、郡人民委员会代表以及各政党和社会组织代表大会，成立了作为中央政权机关的北朝鲜临时人民委员会，金日成当选为委员长。[①]

这一时期苏联在北朝鲜所实施占领政策，其目标是有限的、方式是克制的。从一开始苏联就试图淡化其军事占领的色彩，通过成立人民委员会让朝鲜人自己来管理。尽管苏联更加关心选拔和培养对苏联友好的朝鲜干部，并扶植起金日成为首的亲苏政治势力，但此时，苏联在朝鲜问题上依然保持与美国合作的态度，力图避免和美国发生冲突。这从苏联对在朝鲜南方活动的朝鲜共产党的淡漠态度上可以窥见一斑，苏联不仅拒绝了朝鲜共产党提出的帮助说服美国占领当局允许其在南方开展合法活动的请求，还要求朝鲜共产党人与美国占领当局合作，并解释说“只有通过对朝鲜国际地位达成合适的谅解才能产生正确的战略路线”，因为美国与苏联“在朝鲜问题上的观点是没有矛盾的”。[②]

---

① 列别杰夫关于苏联驻北朝鲜民政管理局的工作总结（政治部分），1948年12月，АВПРФ, ф.0480, оп.4, п.14, д.46, л.72-73、89-94；Почтарев А.Н. Из истории советско-корейских отношений в 1920-1950-е годы. // Новая и новейшая история. 1999.№5, с.150-151。

② 苏联远东滨海军区政治部给中央委员会的报告，1945年11月5日。РЦХИДНИ, ф.17, оп.128, д.47, л.19-21。参见Kathryn Weathersby, “Soviet Aims in Korea and the Outbreak of the Korean War, 1945-1950: New Evidence from the Russian Archives”, *Cold War International History Project Working Paper*, No.8, 1993, p.12。

三、美国对南朝鲜的占领政策

1945年9月4日，美军第24军先遣队在汉城附近的金浦机场降落。9月8日，24军的大批部队在仁川登陆，次日，他们在朝鲜人热烈的欢呼声中开进汉城。麦克阿瑟将军指定24军军长霍奇担任美占领军司令。①

和日本投降前苏军已进入朝鲜不同，美军是在日本投降三周后才抵达朝鲜半岛南部的，所以美军在南朝鲜所遭遇的局势要比北朝鲜混乱得多。首先，朝鲜南部到处都是日本殖民势力残留以及与之相勾结的朝鲜人；其次，许多朝鲜人都指望日本当局的倒台能够立刻给朝鲜带来独立，这让他们对“从天而降”的美国占领军几乎没有任何好感，由于自8月15日日本投降到9月8日美军抵达，南朝鲜内部出现了一个长达三周的无任何外部势力控制的权力“真空期”，这让渴望独立的朝鲜人更加感到没有理由要把一个临时性的外国军事当局强加于朝鲜，因为他们完全有能力管理好自己；最后，朝鲜人期望能够立即遣返全部日本人，清算日本殖民势力的财产，并将这些财产转归朝鲜。

霍奇是一名骁勇的战地司令，他曾在二战期间指挥过对冲绳岛的进攻，在处理军务方面是个内行，但在处理外交事务方面却是个门外汉。再加上，在占领南朝鲜最初的几个月里，霍奇没有接到来自华盛顿的任何指示，这迫使他凡事都不得不从头做

---

① 【美】施纳贝尔等著，国防大学译：《美国兵在朝鲜：战争爆发前后》第二卷，第17页；【美】约瑟夫·古尔登著，于滨等译，《朝鲜战争：未曾透露的真相》，第18页。

起。霍奇未曾接受过担任地方军事长官的训练,他的部队缺乏会说朝鲜语的人员,战后的退伍狂潮又使他的部队失去了一批富有经验的官员,而此时的南朝鲜因为日本人的离开,社会陷入一团乱麻,面对南朝鲜混乱的局势,霍奇有些无所适从。

结果,在占领南朝鲜的第一天他就惹出了乱子。驻朝日军司令官在投降以后要求批准保留一支日本武装警察部队,用以保护其人员和在朝的60万日本侨民免遭朝鲜人报复。霍奇表示同意,他认为"朝鲜人和日本人都是一丘之貉",打算把他们统统当作被征服者来看待,加之,之前和日本人合作的朝鲜人很多,他也需要时间来辨明他们的面目。结果霍奇的举动引发朝鲜人极大的反感。华盛顿获知后大吃一惊,马歇尔将军命令霍奇立即解散日本警察部队,并且避免再发表侮辱朝鲜人的言论。[①]霍奇与朝鲜人之间的隔阂就此产生,并且在接下去的几年时间里,他都没有找到合适的与朝鲜人打交道的方式。

紧接着,霍奇又在颁布实施美军的占领政策时,犯了一个更为严重的错误。为了尽快稳定局势,霍奇决定通过留用日本殖民机构中的日本官员来维持秩序。于是,美军在朝鲜日本殖民机构的基础之上建立了一个隶属于驻朝美军司令部的军政府。美国军政府的组成以地区为基础,由一个文职行政官和一个军事长官共同主管。秘书处有五名军官,日常的政府工作由九个局负责进行。军政府保留了以阿部信行总督为首的整个日本行

① 【美】约瑟夫·古尔登著,于滨等译《朝鲜战争:未曾透露的真相》,第18页。

政机构，日本殖民时期存在的各省省长职位、各县、镇的行政人员继续留用，各省的行政管理机构和其他的行政管理的谘议机构都继续行使自己的职权。[①]这与苏联在北朝鲜根除日本殖民、通过朝鲜人来管理地方政府的政策有着本质的差别。此举在普遍仇日的朝鲜人中引发强烈反感，造成驻朝美军司令部与朝鲜人民和各级地方组织间的矛盾。这样的一个开头，预示着美国军政府此后在南朝鲜的占领工作将不会太顺畅。

迫于舆论压力，9月11日霍奇刚刚宣告完“将继续保留日政府于朝鲜南部，直至美军占领部队全体登陆为止”的第二天，也就是9月12日，霍奇在朝鲜各政党代表一千二百人的集会中再度宣布：停止任用阿部大将为朝鲜间接统治者，并从日军手中收回警卫权，同时任命24军第7师师长阿契博德·文森·阿诺德（Archibald Vincent Arnold）担任美军政府总督，替代阿部职务。[②]霍奇在处理外交方面经验缺乏程度可见一斑。

不过，在阿诺德接任美军军政府长官后，原朝鲜总督府辖下的各局仍在运作，包括财务局、工商局、交通局、铁路运输局、土地林业局等，不仅是朝鲜总督府各局，包括道管理局、所有业务部门在内，均一如既往。9月23日，阿诺德在一次会议上宣称：“我的任务是使朝鲜尽快获得自由。朝鲜人民应在军政府领

---

① Почтарев А.Н. Из истории советско-корейских отношений в 1920-1950-е годы. // Новая и новейшая история. 1999.№5, с.146.

② 《中央日报》，1945年9月13日，刘金质等编：《中朝中韩关系文件资料汇编（1919—1949）》（中卷），第1054页；《中央日报》，1945年9月15日，刘金质等编：《中朝中韩关系文件资料汇编（1919—1949）》（中卷），第1062页。

导下工作而不应干别的。美军给予出版、信仰、言论、结社等自由。一些报纸上出现不利于朝鲜的报道。比如,挑拨朝鲜人和日本人的不和并要求将日本官员驱逐出其岗位,但是形势需要日本人留在原来的岗位上。朝鲜人不应当制造混乱。不应当夸大朝鲜人、日本人的差别。"①在美国军政府看来,为了维护南朝鲜社会的稳定,需要保证起码的生活供应、继续国民教育、保留医疗机关,而继续留用日本人是极为必要的。因为在日本统治时期,朝鲜人是不能担任职务的,目前没有足够的朝鲜人可以替换大批的日本官员。并且,培养朝鲜官员并让他们担任要职还需要一段时间。朝鲜人应在机关业务上向日本人学习并理解部门业务的本质。②

据苏联人观察:"被美国军队占领的朝鲜南部,其管理体制与业已形成的北朝鲜的政治制度不同。南朝鲜的管理体制基本上与从前一样,也就是在日本人驻扎时期的那种体制,唯一不同的是,行政管理机关的首脑人物不再是日本人,而是换成了美国人。"③"美国人在朝鲜不仅保留了原有的行政机构,而且还将许多日本人和各地方的附敌分子留在领导岗位上。日本人在美国

---

① 《关于在这个阶段里美国人所采取的行动情况的报告》1945年10月20日,ЦАМО, ф.Устатск, оп.433847, д.1, л.83-89, 沈志华、王绍章整理:《俄国档案原文复印件汇编:苏联占领朝鲜》(第2卷)。

② 《当前和未来的美国军政府》, 1945年12月10日, ЦАМО, ф.Устаск, оп.343254, д.2, л.189-191, 沈志华、王绍章整理:《俄国档案原文复印件汇编:苏联占领朝鲜》(第13卷)。

③ 《关于北朝鲜政治局势的调查报告》, 1945年12月, АВПРФ, ф.013, оп.7, п.14, д.46, л.4-13, 沈志华:《朝鲜战争:俄国档案馆的解密文件》(上册),第41页。

占领区内享有广泛的政治和经济权利。”[①]朝鲜人的行政能力得不到美国军政府的认可，朝鲜人组成的政治组织也得不到美国军政府的肯定。

在美军占领南朝鲜初期，南朝鲜内部已经出现了若干由朝鲜人组成的、具有影响力的政治组织。其中最强大的政治势力之一是“朝鲜独立筹备委员会”，委员会由各种不同的政治成分组成，其中大部分来自左翼；它提出了一个纲领，号召各派别统一起来，实行土改以废除封建专制，清除身居要职的日本人和与之勾结的朝鲜人，组织合作社，并实行其他经济改革。“朝鲜独立筹备委员会”在朝鲜半岛的每个道里都设有委员会，这些委员会派代表参加9月6日在汉城召开的一次“国民会议”，会上组成了一个称之为“人民共和国”（“朝鲜人民共和国”）的组织，选举吕运亨（Lyuh Woon Hyung）担任主席，宣称对整个朝鲜拥有管辖权。不过“人民共和国”的合法性并未得到霍奇所领导的美国军政府的承认，对于“人民共和国”的存在和活动，霍奇发表了一项声明，指出美国军政府是南朝鲜唯一的政府，无论是“人民共和国”或是任何其他团体都不能被利用来达到政治目的。11月下旬“人民共和国”召开大会，不同意解散其组织，并在几个道中展开了强大的反美运动。12月29日，霍奇宣布“人民共和国”从任何意义上来说都不是一个“政府”，它想充当政府的任何企图都是非法的，“人民共和国”的影响和威望

---

① 《佩图霍夫关于苏美对朝鲜的占领及南北朝鲜政治经济联系问题的报告》，1945年12月，沈志华：《朝鲜战争：俄国档案馆的解密文件》（上册），第52页。

迅速下降。[①]

除“人民共和国”之外，南朝鲜境内的其他政党也在为民族的自主和独立而抗争。1945年11月人民党在汉城建立，这是一个在农民和小资产阶级中间很有影响力的政党。11月20日，人民党在汉城举行了第二届人民委员会代表大会，大约有来自25个城市和175个县的700名代表参加了这次大会。12月12日，美军司令部发表了不承认人民委员会的正式声明。美军武装警察开始镇压民主进步组织的领导人，反对党派和朝鲜傀儡政府的警察也加入了镇压行列中。12月19日，汉城人民委员会遭到袭击，所有的文件被损毁，委员会的工作人员惨遭屠杀。之后，反动势力开始转而攻击外省的人民委员会。[②]人民委员会在美国军政府及反对派的双重镇压下，势力萎缩，逐渐消亡。

美军登陆南朝鲜后，朝鲜内部由于托管及留用日本殖民机构所累积的反美情绪日益增长。美国务院派驻南朝鲜的政治顾问本宁霍夫（H.Merrell Benninghoff）9月15日向国务卿贝尔纳斯（James F. Byrnes）汇报时，形容“南朝鲜的形势活像一只一点就着的火药桶”。[③]11月20日，美国国务院驻南朝鲜代理政治顾问兰登向国务卿提议建立一个行政委员会，由韩国临时政府的金九（Kim Ku）充任领导人，配上几名以美国人为主的外国顾问；美

---

① 详见【英】F·C·琼斯、休·博顿、R·B·皮尔恩著，复旦大学外文系英语教研组译：《国际事务概览（1939—1946年）·1942—1946年的远东》（下册），第643—644页。

② Ачкасов В.И. гла.(ред.) История второй мировой войны 1939-1945, Том11, с.383-384.

③ *FRUS, 1945, Vol.6, The British Commonwealth, The Far East,* p.1049.

国占领军司令对行政委员会拥有否决权。[①]这一建议得到采纳。

于是，由李承晚和金九领导的右翼势力——大韩民国临时政府成为美国军政府合作的对象。太平洋战争期间，临时政府曾与美国政府有过接触，试图让美方承认其地位，但遭到美方拒绝。1945年日本投降后，临时政府迁回国，但其地位一直未能得到美国政府的承认。直到1945年6月8日，美国副国务卿科尔（Cole）代表国务院仍表示："朝鲜临时政府在朝鲜的任何一块土地上都不会实现其政权，也不会被视为朝鲜人民的代表"，因为美国政府认为承认临时政府会背离由朝鲜人民按照自己的意愿选择政体和政府成员的原则。[②]然而情况在10月发生逆转。10月17日麦克阿瑟接到国务院就朝鲜问题发来的指示，要为在朝鲜分阶段地建立一个自由和独立的国家创造条件。为筹建一个亲美的朝鲜人政府，麦克阿瑟开始在朝鲜物色一位令美国人信得过的朝鲜领袖。兰登的报告加上李承晚的美国生活背景和反共立场，使其成为麦克阿瑟的最佳人选。霍奇遵照麦克阿瑟的命令，为欢迎李承晚回到汉城举行了一个戏剧性的仪式，在一番热情洋溢的介绍之后，李承晚登台亮相。霍奇敦促全体朝鲜人拥戴李承晚为他们的领袖。

到1945年底，南朝鲜境内的政治格局已基本形成。曾在日本投降时短暂主导政局的以吕运亨为代表的本土民族主义势力，及其盟友共产党等左翼力量，未能得到美国军政当局的承

---

① *FRUS, 1945, Vol.6, The British Commonwealth, The Far East,* pp.1130-1133.

② Ачкасов В.И. гла.(ред.) История второй мировой войны 1939-1945, Том11, с.383.

认，而流亡中国的临时政府派与亲美的李承晚集团结盟，得到美国军政府的支持，右翼势力逐渐壮大，成为美国军政府在南朝鲜施政的政治基础。

四、莫斯科协定

以三八线为界对朝鲜实施分区占领原本只是暂时性的受降举措，却对朝鲜南北方的政治、经济、生活等诸多方面造成了分裂性的影响。以经济方面为例，集中了矿产资源和重工业的北方与集中了农业和轻工业的南方在经济上存在着密不可分关系，北方向南方提供煤、电、工业产品、化肥等，南方则保障北方的粮食、纺织品、零配件供给等。三八线的出现，导致南北经济联系中断，阻碍了朝鲜正常经济生活的恢复。

在美苏军队分别占领朝鲜南北方后不久，美苏两国占领军曾就恢复国民正常工作、建立两个占领区之间的正常通讯联系以及制订协调统一的占领原则等事项进行了谈判。美方的建议包括恢复铁路、公路、水路的交通以及广播、邮局和电报的工作，恢复南北朝鲜之间的商品流通，建立统一货币体系等。然而，美国人不久就发现，解决这些问题不是苏联占领军司令部职权范围内所能做到的。没有苏联政府的同意，苏联驻朝鲜军司令部甚至连纯粹的军事事务也无法做主。[①]

---

① ЦАМОРФ, ф.66, оп.178427, д.90, л.14-16、20-22, 转引自Почтарев А.Н. Из истории советско-корейских отношений в 1920-1950-е годы. // Новая и новейшая история. 1999.№5, с.146-147.

鉴于此，美国政府提议美苏两国政府就朝鲜统一问题应进行商议。1945年12月在莫斯科召开的苏联、美国、英国三国外长会议对朝鲜问题进行了讨论，美苏两国各自表述了自身的立场。

在12月16日的第一次外长会议上，美国国务卿贝尔纳斯首先提到朝鲜问题，他把美国驻苏联大使哈里曼（Averell W.Harriman）于11月8日提交时任苏联人民委员会第一副主席兼外交人民委员莫洛托夫的一封关于朝鲜的信交给了其他外长。在这封信里，哈里曼请求授权驻扎在朝鲜的苏军司令官同美军司令官进行商谈，以便就交通、商务、货币和有关朝鲜的其他悬而未决的事项等这类共同的问题做出安排。贝尔纳斯认为，11月8日哈里曼信中所谈及的这些建议将是朝向建立独立自主的朝鲜政府迈出的第一步。为此，贝尔纳斯建议，把关于建立朝鲜统一行政机构的问题列入议事日程，因为在朝鲜成立统一行政机构将有助于帮助建立对朝鲜的托管。贝尔纳斯最后强调："美方所持的出发点是希望朝鲜有一个统一的行政机构，并认为为了这一目的最好的方式是授权美国指挥官和苏联指挥官谈判在朝鲜成立统一行政机构的问题。"①

莫洛托夫对美国的建议并不接纳，他认为，11月8日哈里曼的信中既没有讨论到有关朝鲜政府的问题，也没有提到对朝

① 【美】杜鲁门：《杜鲁门回忆录：考验和希望的年代1946—1953》，第372页；《莫斯科三国外长会议第一次会议关于朝鲜问题的会谈记录》，1945年12月16日，АВПРФ, ф.0430, оп.1, п.1, д.2, л.11-15，沈志华：《朝鲜战争：俄国档案馆的解密文件》（上册），第61—64页。

鲜建立托管的问题。信中所提的关于恢复朝鲜两地区之间货物交换的问题,关于恢复铁路和其他形式的交通问题,关于沿海航行问题和财政政策问题等,均与朝鲜行政机构问题和朝鲜政府问题无关。莫洛托夫希望能把讨论的内容仅限于行政机构和托管方面的问题。对于四大国托管朝鲜,莫洛托夫重申不存在任何协议文本,只不过是在雅尔塔会议上几大国就这一问题交换过意见,无论是美国方面抑或是苏联方面都表示过赞成在朝鲜必须建立托管制度的意见。贝尔纳斯也表示,相信托管制度将规定成立朝鲜政府,但没有料想到在第一次会议上就要讨论如此总体性的问题,因此承诺在次日举行的第二次会议上提交朝鲜问题备忘录。①

第二天的会议上,美国如约提交了解决朝鲜问题的提案,其中涉及两个原则,一个是承认托管,一个是立即决定有关行政机构的问题。莫洛托夫提出需要时间对美国提出的方案进行研究。②

12月20日的第六次会上,贝尔纳斯提到,尽管在会晤前美国制定了成立朝鲜独立政府的建议,这一建议也反映了美国对

---

① 【美】杜鲁门:《杜鲁门回忆录:考验和希望的年代1946—1953》,第372页;《莫斯科三国外长会议第一次会议关于朝鲜问题的会谈记录》,1945年12月16日,АВПРФ, ф.0430, оп.1, п.1, д.2, л.11-15, 沈志华:《朝鲜战争:俄国档案馆的解密文件》(上册),第62—64页。

② 《莫斯科三国外长会议第二次会议关于朝鲜问题的会谈记录》,1945年12月17日,АВПРФ, ф.0430, оп.1, п.1, д.2, л.35-36, 沈志华:《朝鲜战争:俄国档案馆的解密文件》(上册),第65页。

朝鲜的真实态度。但会晤之后，美国代表团决定更改自己提案的名称和议程中相应的名称。美国拟定将关于成立朝鲜统一行政机构的问题提到议事日程，同时规定有关今后朝鲜独立政府的问题。莫洛托夫则建议将建立统一行政机构的一些具体性的问题交由双方的指挥官去解决。谈到朝鲜未来长久秩序时，莫洛托夫声明："苏联政府同意对朝鲜实行托管，并将这种托管委托给四国——美国、苏联、英国和中国。"苏联方面似乎对美国的提案并不满意，莫洛托夫表示在当天晚些时候将向美国和英国方面提供苏联关于朝鲜问题的提案。①

也就是说，针对朝鲜问题，美苏两国分别拿出了自己的方案。12月26日，莫斯科三国外长会议最终通过了以苏联草案为基础的莫斯科协定。《苏美英三外长莫斯科会议公报》公布，其中有关朝鲜部分的内容如下：

> （一）为重建朝鲜成一独立国家，创造各种依据民主原则发展朝鲜之条件及尽速清除日本在朝鲜长期统治之恶果起见，将设立一临时朝鲜民主政府，该政府须采取各种必要步骤，以发展朝鲜之工业、运输、农业及朝鲜人民之民族文化。（二）为协助组成临时朝鲜政府，并为筹划初步适当办法起见，应由朝鲜南部之美军司令部及朝鲜北部之苏军司令部组织一联合委员会。在准备各项建议时，该委员

① 《莫斯科三国外长会议第六次会议关于朝鲜问题的会谈记录》，1945年12月30日，沈志华：《朝鲜战争：俄国档案馆的解密文件》（上册），第66—67页。

会应与朝鲜民主政党及社会组织咨商。该委员会制成之建议应先交送苏、中、英、美四国政府考虑，然后由参加联合委员会之二国政府作最后决定。（三）联合委员会协同临时朝鲜民主政府及朝鲜各民主政党，制定各种方案，以提携及协助朝鲜人民在政治、经济、社会上之进步，建立民主自治及朝鲜之国家独立。委员会于咨商临时朝鲜民主政府后，应将建议送交苏、美、中、英四国政府联合考虑，俾关于四强在朝鲜以五年为限之托管制，得以成立协定。（四）为考虑各种有关朝鲜南北两部之紧急问题，并为订立方案，以期建立朝鲜南部美军司令部与朝鲜北部苏军司令部在行政及经济事务上之经常联系，苏美二司令部之代表应于二星期内举行会谈。①

美苏两国的提案实则反映出美苏双方在朝鲜问题上的不同态度。

美国当时在朝鲜问题上陷入一种两难的境地，一方面杜鲁门政府为了避免美国背负“破坏战后国际合作”的罪名，不得不继续延续罗斯福在雅尔塔会议上与斯大林达成的口头协议，在战后对朝鲜实施托管。另一方面，美军通过近四个月的实地占领，已深深感受到托管制在朝鲜的不可行性。11月20日，美国国务院驻南朝鲜代理政治顾问兰登在给国务卿贝尔纳斯的报

---

① 《苏美英三国外长莫斯科会议公报（第三部分）》，1945年12月27日，《朝鲜问题文件汇编》，北京：人民出版社，1954年，第13—14页。

告中，强调必须放弃托管的作法。他说，根据我一个月来在解放后的朝鲜的观察，相信我们应该放弃它（托管）……托管看来是行不通的，因为朝鲜人肯定不会接受，恐怕要用武力才能实行。[①]美国驻朝占领军司令霍奇在给麦克阿瑟盟军总部的报告中，也承认南朝鲜存在着日益增长的反美情绪，认为朝鲜人要求独立的愿望高过一切，而且要求现在就实现独立。由于托管在所有朝鲜人的心目中是一把当头的利剑，他认为如果仍然执行托管协议，那么朝鲜人有可能真的起来造反。因此，他认为美国政府不如顺水推舟，采取积极行动，清除三八线这个障碍，以便统治朝鲜，发表放弃托管的明确的声明。[②]美国作为托管制的构想国，此时却真真切切地感受到：在朝鲜实施托管成了"一个不可能完成的任务"。

正因为如此，尽管美国仍然一再表示认可在朝鲜建立托管的协定，但在莫斯科会议上却始终避免谈与"托管"直接相关的议题，转而讨论与建立统一行政机构相关的具体性问题。而美国最终接受了一个以苏联草案为基础的关于朝鲜问题的莫斯科协定，其动机可能在于以下两点：一、苏联提出通过朝鲜临时民主政府实施托管，这样借托管制之名，美国至少可以牵制苏联在朝势力的扩张；二、以苏联草案为基础，可以让苏联承担"主张托管制"的"罪名"，从而引发反对托管的朝鲜民众的反苏情绪。在莫斯科协定公布当天，美国的无线电广播就转播了如下

① *FRUS, 1945, Vol.6, The British Commonwealth, The Far East,* pp.1130-1133.

② *FRUS, 1945, Vol.6, The British Commonwealth, The Far East,* pp.1144-1148.

通报："在三国外长莫斯科会议上，根据苏联的建议，通过了关于对朝鲜建立期限为5年的托管制的决议。"美国无线电台的消息一经播出之后，在朝鲜南部引起大规模抗议莫斯科协定的浪潮。[①]12月27日，首次对莫斯科协定内容进行报道的《汉城时报》称：美国倡导朝鲜独立，苏联极力主张托管。[②]这些报道引发了朝鲜民众强烈的反托管情绪，并由此引发朝鲜民众的对苏敌意。[③]

反观苏联在朝鲜问题上的态度，应该说，截止到莫斯科三国外长会议，苏联的态度都未有大的变化，即通过托管制实现朝鲜最终独立，在美苏合作协商的前提下解决朝鲜问题，其最终的目标是建立一个统一的、亲苏的朝鲜政府。苏联政府参与莫斯科三国外长会议关于朝鲜问题的蹉商，其意图是制造一个统一的朝鲜政府，因为苏联在参会前一直都认为恢复朝鲜的统一是极为必要的，当然，苏联也非常关心统一的朝鲜政府的性质，因为这将直接关系到苏联在远东的经济利益和战略利益。

为讨论朝鲜问题，苏联代表团准备了多种方案。[④]这些方案彼此相近，都谈到了成立临时朝鲜政府问题。除一个方案是在

---

① 《什特科夫关于朝鲜问题苏美联合委员会工作情况给莫洛托夫的报告》，1946年5月31日，沈志华：《朝鲜战争：俄国档案馆的解密文件》（上册），第69页。

② 李康国：《建设民主朝鲜》，汉城：朝鲜人民报社1946年，第103页，转引自曹中屏、张琏瑰等编著：《当代韩国史（1945—2000）》，第42页。

③ *FRUS, 1946, Vol.8, The Far East,* p. 622.

④ Ки Кван Со. Московское совещание министров иностранных дел（декабрь 1945г）и раскол Кореи //Проблема Дальнего Востока. 1997. № 5, с.99–101.

会前制定出来之外，其余都是在会议期间制定和修改的。多数方案均主张，成立由苏美统帅部代表组成的联合委员会，在委员会协助下成立临时朝鲜政府。这表明苏联竭力争取在托管朝鲜上单独与美国打交道的意图。最后一个方案确定了苏联所构想的托管朝鲜的方式，即苏美联合委员会的建议提交苏、美、英、中四国政府审议，在与朝鲜临时政府协商后，达成四国托管朝鲜五年的协议。[①]此外，在苏联方案中还谈到，托管应以朝鲜人积极参加并尽早加以落实为重要条件，多少也反映出政权交由朝鲜人后，苏联仍具有对朝鲜施加影响力的信心。

莫斯科协定公布后，1946年1月18日，莫斯科电台评论员对三国外长会议关于朝鲜的决定进行点评，从历史角度分析了朝鲜经历托管的必要性，“因为朝鲜达到独立的相当的条件还没有具备，迅速消灭日本长期统治的恶果的条件尚未具备时，马上宣布朝鲜独立是一空谈”。[②]为驳斥南朝鲜报纸散播苏联主张托管朝鲜、美国坚持反对立场的“不实”报导，苏联塔斯社又于1月24日发布关于朝鲜问题的公报，对原来的美国草案和莫斯科协定作了比较，指出了两者的不同，指出苏联的草案才是真正符合朝鲜人民利益，促使朝鲜民族独立的方案。[③]

---

① АВПР, ф.0430, оп.1, п.2, д.11, л.7.

② 《解放日报》，1946年1月20日，刘金质等编：《中朝中韩关系文件资料汇编（1919—1949）》（中卷），第1123—1125页。

③ 《新华日报》，1946年1月26日，刘金质等编：《中朝中韩关系文件资料汇编（1919—1949）》（中卷），第1131—1132页。

莫斯科三国外长会议上，在制定朝鲜托管的具体方案时，苏联表现出比美国更为积极的立场。苏联的目标是在保证统一后的朝鲜执行对苏友好政策的前提下，参与对朝鲜半岛的控制和管理。苏联希望借托管政策确保苏联在远东的整体利益。在最初占领朝鲜半岛时，斯大林本曾想通过让渡三八线以南地区的占领权换取日本本土北部地区的占领，却遭遇失败。现在，为了更为切实地维护好苏联在远东的利益，斯大林需要采取更为精细和迂回的策略。

五、朝鲜国内政治势力的反应

朝鲜半岛光复后，不论是北方还是南方，都开始组建政党和社会组织。几乎所有的政党都将自己的目标和任务置于独立和民主的旗帜下，然而初期这些政党各自的政治目标和政治纲领并不明晰。在莫斯科三国外长会议关于朝鲜问题的协定公布以后，围绕托管制本身，这些政党的真实面目、真实意图和政治目的开始泾渭分明，朝鲜国内的政治势力就此分化为赞成托管（赞托）和反对托管（反托）两大阵营，而在赞托和反托的表象之下对应的则是亲苏和亲美的立场。总体而言，朝鲜北部的情势较为简单，尽管存在反对托管的声音，但并不足以形成一股力量，对赞托阵营形成威胁，北朝鲜的政局几乎完全由赞托阵营主导；相形之下，朝鲜南部的情势较为复杂，反托阵营与赞托阵营形成对立，并且各个阵营内部又有分化，南朝鲜境内政治因此陷入分裂的局面。

北朝鲜一致拥护

莫斯科协定公布后不久的1946年元旦，已经当选为朝鲜共产党第一书记的金日成在他的新年献词中即提到了莫斯科协定对撤销三八线的意义。[①]1月5日，在北朝鲜女性同盟举办的演讲会上，金日成首次就莫斯科协定公开发表个人见解，他认为无论是从国际还是国内的政治形势来看，莫斯科协定均可以保障朝鲜的独立、保护朝鲜不受法西斯的侵略，所以他对此表示积极的支持。金日成还表示联合国已经明确地表示对朝鲜没有任何领土野心，所有反对莫斯科协定的人都是亲日派、民族叛徒，称他们是破坏与苏联友好关系的人。[②]2月28日在接受记者采访时，金日成再次表示莫斯科协定打开了远东和平与朝鲜独立之路，他断言履行莫斯科协定可以实现民主主义的发展、自主独立、扫荡日本帝国主义残余势力、解决经济混乱问题。所以人民委员会应该为依据莫斯科协定组建政府而做准备，应该积极剖析协定的真义，进行击破反动分子虚假宣传的工作。金日成认为对莫斯科协定的歪曲与反宣传是对统一战线的破坏，这阻止

① 金日成：《迎新年告全国人民书》（1946年1月1日），《金日成选集》第一卷，朝鲜劳动党出版社，1954年，第23页；转引自曹中屏、张琏瑰等编著：《当代韩国史（1945—2000）》，第42页。

② 〈朝鲜人民報〉，1946年1月11日。

了所有民主主义前进的方向。[1]此时,金日成已成为北朝鲜临时人民委员会委员长,他的表态基本代表着北朝鲜绝大部分政党对莫斯科协定的态度。

与此同时,赞成托管、维护莫斯科协定的群众活动也在北朝鲜开展起来。1月6日,高举与莫斯科决议团结一致大旗的全城游行在平壤达到了高潮,示威者的队伍高举宣传口号“三国外交部长的莫斯科决议能保障自由、独立和民主朝鲜的建立”。莫斯科10日的广播报道称:约十万群众参加了示威游行,表示欢迎三国外长莫斯科会议关于朝鲜的决定,参加游行者都手持朝鲜、苏、英、中、美各国国旗及列宁、斯大林等的画像,并高举标语,表示完全赞成莫斯科会议关于朝鲜的决议,以及朝鲜人民感谢红军及其领袖斯大林元帅,并努力为建立民主的朝鲜而奋斗。[2]1月29日,在新义州又举行了群众示威大会,约有两万人参加游行示威。群众高举欢迎莫斯科会议关于朝鲜决议的标语、口号。示威群众在中央大街举行群众大会,有八位代表发表演说,热烈欢迎莫斯科会议关于朝鲜的决议,并且号召全国人民用一切力量恢复国家的经济。[3]

尽管如此,当时北朝鲜的政治人士中仍存在反托分子,用当时担任美苏联合委员会苏联代表团团长什特科夫

---

① 〈解放日報〉, 1946年3月7日。

② 《解放日报》,1946年1月12日;《晋察冀日报》,1946年1月13日,刘金质等编:《中朝中韩关系文件资料汇编(1919—1949)》(中卷),第1118页。

③ 《解放日报》, 1946年2月1日,刘金质等编:《中朝中韩关系文件资料汇编(1919—1949)》(中卷),第1138页。

（T.F.Shtykov）[①]的话来说，应该有“几百人”。朝鲜民主党主席曹晚植便是其中的代表。莫斯科协定公布后，曹晚植就明确表示了他的反对托管立场，声称“卖国的托管统治是绝对无法接受的”。为此，苏联方面多次对他进行怀柔、施以压力，要求其公开发表支持莫斯科三外长会议决定的声明，但曹晚植均以这应由全体人民决定、自己不能任意做主为由而拒绝。[②]曹晚植拒绝与苏联方面合作，坚决反对托管制的态度，最终让苏联决定在政治方面弃用他。据什特科夫后来回忆：“当曹晚植集团试图发表自己对于出席汉城会议的我方代表言行的意见的时候，我被迫告诉这位活动家，让他不要多管闲事。我们抓住了这个机会，彻底地与曹晚植算了账。”[③]什特科夫随即向斯大林报告称，曹晚植不忠于苏联的政策，具有“民族主义倾向”，他把在朝鲜的苏联军队当作同日本人一样的占领者。这让斯大林决定撤换曹晚植。什特科夫推荐了年仅30岁出头、在苏联生活过、能说一口流利俄文的金日成，斯大林表示同意，说：“朝鲜是一个年轻的国家，需要年轻的领导人。”[④]苏联方面为了使曹晚植不能再进行有组织的反托运动而将其软禁，很快，曹晚植不仅从政治舞台上，而且在朝鲜社会

---

① 捷连季·福米奇·什特科夫，苏联上将，时任美苏联合委员会苏联代表团团长，后任苏联滨海军区政治副司令，1948至1951年出任苏联驻朝鲜大使。

② 趙靈岩：〈古堂 曹晚植〉，政治新聞社，1953年，p.66；转引自沈之渊：〈미-소공동위원회 연구，69쪽.

③ Почтарев А.Н. Из истории советско-корейских отношений в 1920-1950-е годы. // Новая и новейшая история. 1999.№5, с.150.

④ Goncharov, Sergei, John Lewis and Xue Litai, *Uncertain Partner: Stalin, Mao, and the Korean War,* Stanford: Stanford University Press, 1993, pp.132、326.

中也消失了。[①] 1946年2月24日，朝鲜民主党召开第一次代表大会，解散了原中央委员会，缺席会议的曹晚植及其支持者被开除出党，当选为民主党新主席的是金日成昔日在苏联营地的亲密战友、88旅成员崔庸健。由此可知，莫斯科会议后，苏联方面将是否赞成托管、是否拥护莫斯科协定视为检验北朝鲜政治势力政治立场是否亲苏的风向标。

在这样的背景之下，苏联民政局在莫斯科协定相关的宣传与引导方面也更加用心。1946年1月3日，驻朝鲜苏联民政局负责政治工作的伊格纳齐耶夫（A.M.Ignaziyev）曾召开北朝鲜报纸编辑和书刊检查员会议，阐述了莫斯科协定的实质，向与会者布置了实际工作任务，即通过报刊向居民正确宣传莫斯科决议、与企图歪曲该决议精神的亲日派斗争、培养朝鲜人民对莫斯科决议的信任感、号召人民解决当前的问题等。[②]各地方相继积极行动起来。1月18日起，平安南道共产党州委宣传部为“继续加强当地居民对莫斯科会议关于朝鲜问题决议的理解”[③]而向地方派出宣传队。黄海道警备司令部的政工人员则将向地方党的领导人、人民委员会州委领导人讲解莫斯科协定的含义作为自身义务。[④]

无论如何，到了1946年5月底，也就是美苏联合委员会第

---

① 有韩国研究者称，曹晚植于1946年1月5日被苏联警备部队秘密劫持，软禁在平壤的高丽宾馆，后转移到寺洞。1950年10月中旬，当北朝鲜处于危急状况时，曹晚植被秘密杀害。康仁德：〈북한전서〉（제1권），서울：극동문제연구소，1974년，255쪽。

② ЦАМОРФ, ф.УСГАСК, оп.102038, д 2, л.27-28.

③ Чонно.1946-1-16.

④ ЦАМОРФ, ф.УСГАСК, оп.106546, д 1, л.203.

一次会议结束后，与南朝鲜内部因反托、赞托而形成的纷繁芜杂、对立分裂的局面相比，“北朝鲜的所有政党都支持莫斯科决议”，这些政党包括北朝鲜共产党、民主党、新人民党、天道教党、妇女联盟、民主青年联盟、农民联盟、工会以及一些别的组织，共计约50个组织。[①]北朝鲜对实施托管制的莫斯科协定一致拥护。

南朝鲜形成政治分化

在莫斯科协定公布之初，几乎所有南部的朝鲜人都立即对外长们的决定提出了强烈抗议，南朝鲜的报纸把会议描写为“第二个慕尼黑”，主要的异议是对于托管的规定。朝鲜民众争论说，任何托管，不管时间怎样短暂，都意味着把他们能够获得完全自由和独立的日子无谓地延迟。[②]

莫斯科协定对南朝鲜境内政治的发展产生重大影响，它造成了反托和赞托阵营间的对立，导致右翼和左翼政治势力间明显的两极分化。

在反托阵营中，右翼政党表现活跃，其中有三股比较重要的势力，分别是金九领导的大韩民国临时政府（后来随着临时政

① 《什特科夫关于朝鲜问题苏美联合委员会工作情况给莫洛托夫的报告》，1946年5月31日，引自沈志华：《朝鲜战争：俄国档案馆的解密文件》（上册），第78页。

② 【英】F·C·琼斯、休·博顿、R·B·皮尔恩著，复旦大学外文系英语教研组译：《国际事务概览（1939—1946年）·1942-1946年的远东》（下册），第648页。

府权威与影响力的衰落，改组为韩国独立党，简称韩独党）、追随李承晚的独立促成中央协议会（简称独促）以及韩民党。

莫斯科协定公布后，以金九为首的临时政府即组建了反对托管统治国民总动员委员会（简称反托动员委员会），他们在声明中宣称："要争取五千年的主权和三百万的自由，就要拥护自己的政治活动，排斥外来的托管统治。"[①]1945年12月29日反托动员委员会制订组织条例，决心发起猛烈的反托运动。临时政府内部的左派、右派均表明了反托的主张，他们当时的计划是从组织上全面制造反托气氛，结成反托动员委员会，以掌握政局的主导权，更进一步接手军政。

李承晚作为临时政府的元老，却没有参加反托动员委员会，而是通过另外组织独促开展政治活动表达自己的反托主张。由于美国多次表明了要实施托管统治的立场，李承晚表示早就料到如此，因此早就准备好了对策。他下定决心按照自己预备好的方针进行，强调"不要被所谓'短暂的五年'这样的话所利诱"，[②]他主张要全民族人民团结起来，争取获得美、英、中三国的同情。李承晚之所以有此主张，大概是因为他认为在朝鲜实施托管制是苏联方面的坚持，美、英、中三国实则没有那么坚定，而如果能够争取到三国对朝鲜一致的同情，那么托管制也许就可以不用实行。

韩民党则因为党魁宋镇禹（Song Jin Woo）在托管问题上

① 《東亞日報》，1945年12月30日。

② 《東亞日報》，1945年12月29日。

态度不明而立场模糊。宋镇禹一方面认为不应该对朝鲜实行托管统治，朝鲜人民不应该再受其他民族的支配，托管制无视国际信义、阻碍世界历史发展，因此必须加以反对，他强调“三千万人民必须一个都不能少地开展国民运动，反对托管统治”；[①]另一方面在为讨论托管统治问题而召开的会议上，他又表示朝鲜为了取得完全的自主独立，需要几年的托管统治。这种态度不明大概是由于他与美国军政府维持了一种友好关系，托管制是被美国所认可的，过于明确的反托立场恐怕会让美军政为难。宋镇禹在托管问题上的摇摆立场最终导致他因为此事而被暗杀。其继任者金性洙（Kim Seong Su）明确表达了自己在托管问题上的鲜明立场，他认为托管统治违反了朝鲜完全独立原则，必须坚决反对。[②]

为了进一步巩固反托阵营的团结，金九于1946年1月4日发表声明，号召左右各种政治势力联合起来，为建立过渡政府召开非常政治会议。他主张立即召开非常政治会议，组建统一战线，以此为基础扩大、强化临时政府，确立过渡政权，过渡政权确立以后召开国民代表大会，制订宪法，然后以此为基础组建正式的政府。[③]1月20日，主要由右翼力量参加的非常政治会议筹备会成立，22日李承晚宣布加入。金九所领导的反托动员委员会与李承晚的独促合流，重新组成大韩独立促成国民会。

---

① 〈東亞日報〉，1945年12月29日。

② 〈朝鲜日報〉，1946年1月15日。

③ 〈首爾新聞〉，1946年1月5日。

2月1日，非常国民会议成立，委任李承晚、金九负责组建最高政务委员会。2月13日，非常国民会议选举出由李承晚、金九、金奎植（Kim Kyu Sik）等28名委员组成的最高政务委员会，2月14日最高政务委员会受美军司令官的任命，改编为民主议院（南朝鲜大韩民国代表民主议院），被收编为美军政的某种顾问机关。曾经反对托管统治、以建立自主的过渡政府为目标的反托阵营的指导部就这样成为了美国军政府的咨询机构，反托阵营与美国军政府之间的关系再也无法分割。美国选择以李承晚、金九为首的右翼反托势力作为合作对象，既有对在朝鲜实施托管政策本身的质疑，也有对右翼势力反苏立场的看中；而右翼反托阵营选择与仍公开支持托管政策的美军政合作，既有对美国在托管问题上可能给予朝鲜同情的幻想，也有借美军政之力进一步扩大自身政治力量的投机，借此在纷乱芜杂的南朝鲜政局中占据优势。看似不合情理的组合，实则却是两厢立场均不坚定游移之下极为现实主义的联手。

以朝鲜共产党为首的南朝鲜左翼政党对待托管的态度在前后则发生了很大转变，这在一定程度上削弱了他们在南朝鲜民众中的政治影响力。莫斯科协定宣布后的头几天，左翼政党也反对这一协定，但在1946年共产党领导人朴宪永（Pak Hon Yong）秘密访问平壤后，情况发生了变化。1月1日深夜，朴宪永返回汉城；1月2日，朝鲜共产党发表声明，公开支持莫斯科协定，该声明宣称：三国外长莫斯科会议的决议是民主主义的进一步发展和加强……该决定……是由朝鲜自身存在的形势所导致的，尤其是长期的日本帝国主义统治和缺乏民族团结的恶果。我们不能不承认事实上存在着的这样一个形势，不管这一点，少数人试图向三个盟国追究关于朝鲜问题的决定的责任。这些人是企图公开地和直接地反对莫斯科会议决定。他们把这三国的友好帮助和合作描绘成帝国主义保护国的建立，相似于日本帝国主义侵略的早期统治。①随后，共产党及其附属团体在汉城发起十万人群众大会，表示赞成莫斯科三国外长会议的公报。1月10日，朝鲜五个主要的左翼政党就莫斯科协定发表联合声明，宣称："我们衷心支持三强对朝鲜主权与独立的保证，及他们援助民主政府的计划与精神。"②1月16日，朴宪永通过广播宣称，莫斯科三国外长会议决定的关键在于，清算日本统治时期遗留下来的余毒，帮助、援助朝鲜建立真正的民主主义国家，呼吁支持三国外长会议的决定。③这样，以共产党为首的南朝鲜左翼政党的赞托立场进一步强化。

有韩国学者认为，南朝鲜左翼政党之所以在1946年1月2日转而赞成托管，主要是受到所谓"莫斯科协定是苏联带头制定的，所以共产必须支持"的苏联方面指示。④是否得命于苏联

① 曹中屏、张琏瑰第编著：《当代韩国史（1945—2000）》，第41—42页。

② 《解放日报》，1946年1月10日；《新华日报》，1946年1月13日；《解放日报》，1946年1月14日，刘金质等编：《中朝中韩关系文件资料汇编（1919—1949）》（中卷），第1117、1119页。

③ 〈朝鲜人民報〉，1946年1月17日。

④ 孫世一：〈朝鮮分斷의背景과特性〉，〈東西獨과南北韓〉（東亞日報社，1973），373쪽，转引自李在都：〈모스크바信託統治協定과 韓半島政治變化에 관한研究〉，101쪽。

方面的指示，目前尚没有相关的档案或回忆录能够直接佐证，但以朝鲜共产党为首的南朝鲜左翼政党由反托转为赞托，的确是在朴宪永秘密访问平壤回到汉城之后。而赞成托管、拥护莫斯科协定也成为表现亲苏立场的一种重要标志。

当右翼政党结成统一战线后，朝鲜共产党对此行为加以批判。此前一直对托管制持冷静立场、主张对莫斯科协定进行细致分析后再共同面对的人民党也表现出了担忧，人民党宣称"坚决反对利用反对托管壮大本派政治势力的所有阴谋"。①1月19日，朝鲜共产党与人民党达成和解，决定联合南朝鲜所有的进步的民主力量，组成强有力的民族民主统一战线（简称民战）。②由此曾对托管制采取某种保留态度的人民党作为共产党的友党加入了赞托阵营，开始积极地协助共产党开展民战的活动。2月15日主要由共产党和人民党组成的民战正式亮相，就美苏联合委员会建立临时政府一事，表示"确保民战作为朝鲜民族唯一的正式代表的发言权，将积极协助民主主义联合国为全面复兴朝鲜而进行的援助帮助"。③民战将自己视为凝聚了民主政党与社会团体的唯一团体，并以美苏联合委员会唯一的协商对象自居，由此可知，南朝鲜的赞托阵营对美苏联合委员会抱有相当大的期待。

到美苏联合委员会第一次会议召开前，围绕托管问题，南朝

---

① 〈朝鮮人民報〉，1946年1月1日。

② 〈朝鮮人民報〉，1946年1月20日。

③ 〈解放日報〉，1946年2月17日。

鲜的政治势力已经彻底分化成两个阵营：联合在依附于美国军政府的民主议院内的右翼政党阵营持反托反苏立场。参加民主议院的政党和组织主要有：李承晚领导的独促、金九领导的韩独党、金性洙领导的韩民党及一些小党和社会组织，共有近百个。联合在民族民主统一战线中的左翼政党阵营持赞托亲苏立场，主要参与政党有：朝鲜共产党、人民党、新人民党、民族革命党，以及妇女联盟、农民联盟、工会、民主青年联盟等，共15个组织。①反托阵营认为莫斯科协定所提出的托管统治类似于殖民统治，从民族自尊心的立场上无法接受；赞托阵营则认为托管统治是解决韩半岛问题的唯一方法，所以应该接受。随着美苏在托管制态度上分歧的日益显露，出于各自政治立场和政治利益的考量，在反托与赞托两大阵营间，对托管问题采取中立立场的余地也变得越来越小。

莫斯科协定公布后，苏联在北朝鲜积极宣传和引导，北朝鲜的政党和民众一致表示拥护，使得苏联可以一如既往地维持其主张托管朝鲜的立场。反观美国的态度，则存在着立场与行动上的矛盾，一方面肯定莫斯科协定是解决朝鲜问题的唯一途径，一方面又对南朝鲜大规模的反托管示威游行表示同情，一些美国领导人及军政府官员甚至公开表示，美国将尽快使朝鲜成为独立的国家的愿望视为他们重要的目标，他们认为朝鲜已经做好了自治的准备。美国军政府最终将持反托管立场的国民议

---

① 《什特科夫关于朝鲜问题苏美联合委员会工作情况给莫洛托夫的报告》，1946年5月31日，沈志华：《朝鲜战争：俄国档案馆的解密文件》（上册），第77—78页。

院收编为咨询机关，则表明了美国本质上的反托立场。在苏联人看来，美国的举动是为了洗脱托管制提出国的“罪名”，建立起一个倡导朝鲜独立的民主形象，而且成功地将在朝鲜建立托管的全部“罪责”推到苏联身上。[1]

朝鲜国内势力在反托赞托问题上的分化对立，与美苏背后的支持不无关系，由此反映出美苏在托管制问题上存在立场分歧，这也为日后美苏联合委员会的最终破裂埋下了隐患。

---

① 《什特科夫关于朝鲜问题苏美联合委员会工作情况给莫洛托夫的报告》，1946年5月31日，沈志华：《朝鲜战争：俄国档案馆的解密文件》（上册），第69页。

第三章　美苏联合委员会

一、预备会议

根据莫斯科协定内容，为了帮助朝鲜组建临时政府，美苏决定进入联合委员会程序。美苏联合委员会的工作可划分为三个阶段：即1946年1月16日至2月5日的预备会议，3月20日至5月8日的第一次会议，以及1947年5月21日至10月18日复开的第二次会议。

1月16日，美苏代表团齐聚汉城，举行联合委员会预备会议的第一次会晤。预备会议历时三周，期间共进行了15次正式会谈。

在1945年底莫斯科协定公布后不久，苏联集团军总参谋长安东诺夫将军即向斯大林和莫洛托夫提交了苏联军方拟定的联合委员会预备会议准备方案，其中涉及美苏两国军事代表即将举行的会谈上的议题清单，包括：（1）朝鲜食品问题；（2）北部朝鲜向南部朝鲜电力出口的条件；（3）审议北部朝鲜、南部朝鲜过境货物铁路运输的组织问题；（4）从北部朝鲜向日本疏散日本难民。[①]这一方案得到了斯大林和莫洛托夫的首肯。

美国方面对双方的讨论议题也有所准备。预备会议召开前，美国军方向参会的美国代表团做出指示，指示内容延续了美国在莫斯科会议时的思路，即不讨论政治问题，集中就经济、行政方面的问题进行讨论。[②]霍奇在预备会议开幕式的致词中进一步强调了美方的会谈主旨，即“会议将就关系整个朝鲜幸福和福利的行政和经济问题展开讨论”。[③]出于实用主义原则，美方提出的具体议题包括：由满洲通过北朝鲜向南朝鲜输送煤和农产品、建立单一财政体制、南北朝鲜商业机构间通信等问题。[④]美国方面始终认为，一旦南北朝鲜间经济上的长久合作体制建立，那么在美苏联合委员会领导下的南北民政统合就会很快实现。[⑤]

对比美苏双方拟定的议题可以发现，其中还是有不少契合点的，这一回苏联代表团大致接受了美国方面的提议，不过主张

---

① 《就苏美军事代表协商会议问题致斯大林和莫洛托夫的报告》，1945年12月30日，ЦАМО СССР, ф.40, оп.11549, д.267, л.28-29, 沈志华、王绍章整理：《俄国档案原文复印件汇编：苏联占领朝鲜》（第4卷）。

② *FRUS, 1946, Vol.8, The Far East,* p.607.

③ 〈解放日報〉，1946年1月17日。

④ *FRUS, 1946, Vol.8, The Far East,* p.612.

⑤ *FRUS, 1946, Vol.8, The Far East,* p.624.

把讨论的内容仅限于电力的输送，货物与设备的交流，以及铁路与公路交通等生活方面的紧迫问题。

预备会议中，美苏的确在某一些议题上达成共识，但这并不代表美苏对彼此立场的包容和认可。相反，预备会议期间，美苏已经在解决朝鲜问题的方式上初现立场不可调和的态势。苏联坚持认为，如果政治问题无法得到解决，那么朝鲜光复以后所形成的分区占领的二元体制只能继续保留；而美国则主张，为了朝鲜民族的整体利益，应当先完成整个朝鲜国土境内的开放和统合。[①]不过，美苏双方本着试探对方立场的态度，在预备会议期间，双方并没有对彼此间的分歧做进一步深究。

2月5日，预备会议结束。

2月6日美苏代表发表的共同声明中，仅包括美苏联合委员会的基本构成，诸如联合委员会由双方各派5名代表组成、委员会本部设在汉城；以及工作方式，诸如委员会将访问平壤及其他地方，与南北朝鲜的政党、民主团体及社会团体相合作等内容。

2月8日，美苏又发表了一份联合公报，公报宣布双方在交通问题上达成协定，具体包括：（一）美占领区和苏占领区间平民行旅事项；（二）邮件传递事项；（三）商定朝鲜境内无线电广播周率；（四）两占领区间经济与行政上协同事项。公报称，双方还就下列事项交换意见：（一）电力开放问题；（二）解决

① *FRUS, 1946, Vol.8, The Far East,* p.634.

共同账目问题；（三）货物交换问题。[1]不过朝鲜平民地区间调动准则一项，很快因为苏联单方面限制了被准许调动对象的范围，使得人员流动和商品交换难以实现，这样美苏双方就恢复南北地区间交通问题所达成的一致意见也因此成为一纸空文。[2]这让从一开始就对此次会议寄予希望的朝鲜民众大为失望。

2月19日，美国国务卿贝尔纳斯在华盛顿召开记者会，当被问及朝鲜的美占领区和苏占领区为何未能实现物资交换一事时，贝尔纳斯借故称预备会议仅为筹备会议而非正式会议，预备会议只是对议题的讨论，而并无任何决议和行动，付诸行动要等到正式会议后。[3]贝尔纳斯牵强的外交辞令之下，难以掩盖的是美苏联合委员会并不十分令人乐观的前景。正如霍奇预备会议期间提交的报告所述，只要美国军队仍在朝鲜，苏联即无任何迹象表明他们希望统一朝鲜。霍奇称：到目前为止，已讨论了所有的问题，包括使用沿着边界的中央邮局调送寄给个人的邮件。他猜测除非苏联人认为整个朝鲜已完全共产主义化了，否则朝鲜南方和北方永远也不会实现真正的统一。霍奇直言，根据现在的趋势，他对美国反击苏联的宣传和

---

① 《新华日报》，1946年2月10日；《解放日报》，1946年2月12日，刘金质等编：《中朝中韩关系文件资料汇编（1919—1949）》（中卷），第1143页。

② Почтарев А.Н. Из истории советско-корейских отношений в 1920-1950-е годы. // Новая и новейшая история. 1999.№5, с.148-149 .

③ 《解放日报》，1946年2月25日，刘金质等编：《中朝中韩关系文件资料汇编（1919—1949）》（中卷），第1145页。

应付苏联的政治策略的能力表示怀疑。①

美国人的确愈发感受到在朝鲜问题上与苏联人合作的困难。早在莫斯科会议期间,美国人就已经有所省悟,尽管美国最终接受了一个以苏联方案为基础的莫斯科协定,但杜鲁门本人对协定内容以及国务卿贝尔纳斯在莫斯科的表现非常不满。杜鲁门后来回忆说,在莫斯科会议后的一个时期,他"已经厌倦于骄纵苏联"、"决定对苏联采取强硬政策"。②1946年初,美苏接连在伊朗、土耳其问题上出现"摩擦",进一步加剧了杜鲁门政府对苏联的不满。如果说莫斯科会议期间,美国因为顾忌战后初期所形成的合作大趋势,对苏联还有所"礼让",对朝政策也因此而游移不定的话,那么到了1946年三四月间,美国的对朝政策似乎已经结束了不确定的选择状态。根据美国国务院任命的联合委员会美方政治顾问团于3月20日起草的备忘录内容可知,美国将其在朝鲜的"首要目标"明确设定为阻止苏联处于支配地位。③这似乎也意味着美苏在朝鲜问题上的对决即将上演。

二、第一次会议

3月20日,美苏联合委员会第一次会议在汉城的德寿宫拉开

① 【美】施纳贝尔等著,国防大学译:《美国兵在朝鲜:战争爆发前后》(第二卷),第22页。

② Papers Of Matthew J. Connelly, box1, 转引自 Bruce Cumings: *The Origins of Korean War*, p.226.

③ Bruce Cumings: *The Origins of Korean War*, p.239.

序幕。苏方的首席代表是什特科夫将军，美方的首席代表是阿诺德将军。第一次会议历时一个半月，期间共进行了24次会谈。

为了贯彻阻止苏联在朝鲜处于支配地位的“首要目标”，美国代表团在第一次全体会议上即率先提交了两份文件：一份是《建立朝鲜协商联合会或同盟》，一份是《建立临时朝鲜民主政府机关与朝鲜的经济统一》。在第一份文件中，美国代表团建议以依附于美国驻南朝鲜司令部的民主议院作为朝鲜协商同盟的基础，充实以北朝鲜民主政党的代表，而由南朝鲜左翼政党组成的民族民主阵线则不被吸纳参加协商。在第二份文件中，美方则建议以附属于美国军事当局的朝鲜人组成的民事机构作为未来临时政府机构的基础。同时文件还规定，在尽可能快的时间内，即30天之内，实现整个朝鲜境内的经济统一。美方认为朝鲜的经济统一应当在临时政府成立之前。[①]这两份文件均侧重于美国利益。因为如果朝鲜的协商同盟、行政机关都以与美国军政府合作的南朝鲜机构为基础建立，那么未来的朝鲜政府里无疑将是“亲美”势力占主导。而美方提议尽快实现朝鲜经济统一，也是因为当时朝鲜中央经济机关大多位于美国军事占领区的汉城，所以如果能够在朝鲜临时政府成立前完成朝鲜经济统一，那么整个朝鲜的经济也将被美国所控制。这些显然是苏联所不能接受的。

---

① 《什特科夫关于朝鲜问题苏美联合委员会工作情况给莫洛托夫的报告》，1946年5月31日，沈志华：《朝鲜战争：俄国档案馆的解密文件》（上册），第70页；*FRUS, 1946, Vol.8, The Far East,* p.672。

为此，苏联代表团也提出了自己的建议。第一个建议是制定联合委员会的工作程序，第二个建议是提出与各政党和社会组织协商的程序和条件，美国代表团接受了苏联的第一个建议，即制定委员会工作程序。3月29日的第七次会议批准了以下决议：联合委员会根据三国外长关于朝鲜问题的协定安排自己的工作，分成两个阶段：第一个阶段，执行有关朝鲜问题莫斯科协定的第二条（即为组建朝鲜临时政府与朝鲜民主政党及社会组织进行协商）；第二个阶段，执行有关朝鲜问题莫斯科协定的第三条（即帮助朝鲜临时政府制定各种方案，建立民主自治政府，实现朝鲜独立）。第一个阶段确定下列工作计划、日程：1.与民主党派和社会团体协商的条件和程序；制定关于朝鲜临时民主政府机关以及地方政府机关结构和原则的提案、临时法令；2.为未来的朝鲜临时民主政府提前制定政治纲领和其他必要措施；3.制定朝鲜临时民主政府人员的提案。结果在执行第一阶段的第一点，也就是"与民主党派和社会组织协商的条件和程序"时，美苏双方即产生了分歧。苏联代表团认为美苏联合委员会是根据三国外长关于朝鲜问题的莫斯科协定成立的，它工作的宗旨是执行这个决议，为保障朝鲜的民主发展、维护朝鲜的独立、在最短的时间内建立真正民主的朝鲜临时政府，因此苏联建议不与反对莫斯科协定的政党和团体协商。美国代表团反对苏联代表团的建议，理由是这与美国所理解的民主观相矛盾。美国代表团拒绝向政党和社会组织提任何意味着要求他们支持莫斯科决议的条件。双方分歧严重。美国代表团团长阿诺德将军在一次全体会议上表示：这是因为美苏的民主原则不同，所以不能在联合委员会达成协议，他担心，今后由于苏联的一党制和美国的多党制所引起的政党制度概念的差别，将会导致双方产生进一步的原则分歧。①当时的阿诺德将军绝没有想到，他的这番关于美苏在政体、意识形态方面的差别可能引起彼此间更大分歧的预言会在短短一年后一语成谶，成为冷战现实。

为了打破会谈僵局，苏联代表团做出让步。4月5日，苏联代表团提议联合委员会可以与所有政党协商，其中包括曾反对过莫斯科决议的政党，条件是他们的领导机关需通过一个支持莫斯科三国外长关于朝鲜问题的决议，并刊登在报纸上。4月17日，联合委员会经过谈判，通过了苏联的提议，形成了“第五号公报”，并于第二天发表，其内容如下：

> 联合委员会将与那些在自己的目的和方法上都是真正民主的、并接受下述宣言的朝鲜民主政党及社会组织进行谘商：“我们……声明支持莫斯科关于朝鲜问题的决定第一段所述的目的：即重建朝鲜成一独立国家，创造各种依据民主原则发展朝鲜之条件及尽速清除日本在朝鲜长期统治之恶果。又，在成立临时朝鲜民主政府问题上，我们将遵

① 《察拉普金关于朝鲜联合委员会工作给洛佐夫斯基的报告》，1946年5月14日，ЦАМОРФ, ф.Устаск, оп.614631, д.30, л.18-38，沈志华、王绍章整理：《俄国档案原文复印件汇编：苏联占领朝鲜》（第15卷）；《什特科夫关于朝鲜问题苏美联合委员会工作情况给莫洛托夫的报告》，1946年5月31日，沈志华：《朝鲜战争：俄国档案馆的解密文件》（上册），第72页。

从联合委员会为实现莫斯科决定第二段而作的决定。又，我们对于联合委员会在有临时朝鲜民主政府参加下制定有关莫斯科决定第三段所提及的方案一事，将予以合作。某某代表某政党或社会组织签署”[①]

按照联合委员会决议规定，希望参与协商的朝鲜政党、团体需在4月30日之前签署并提交声明。4月25日苏联代表团将北朝鲜政党和社会组织名单以及他们的声明交给了美国代表团。美国代表团却仅向苏联方面提交了一份南朝鲜政党和社会组织的名单，美国借口称拟订政党名单无需政党声明，实际原因则是受美国军政府支持的参加“民主议院”的右翼政党拒绝签署第五号公报中的声明文件。为了推动南朝鲜右翼政党签字，4月27日，霍奇将军不得不发表讲话，签署声明并不表明就只能持支持莫斯科决议的立场。霍奇的“解释”是：1）保障签署声明的政党、社会团体拥有赞成或者反对托管的权力；2）政党、社会团体签署旨在参加与苏美联合委员会协商的声明，并不表示它们赞成或者支持托管，因为委员会不与未签署声明者协商。5月1日，“民主议院”终于决定签署声明。随后“民主议院”发表公开声明称：“经过对第五号公报的长时间讨论，我们认为签署声明意味着在建立临时政府方面与美苏联合委员会共同行动；政府成立后，我们就可以像霍奇将军所说的那样反对托管了。‘民主议

① 《美苏联合委员会公报（第五号）》，1946年4月18日，《朝鲜问题文件汇编》，第15页。

院’允许自己的政党、社会团体与美苏联合委员会共同行动。”①

对于“民主议院”所发表的公开声明，美国方面并没有表示异议。美国之所以无异议，表面上看，似乎是出于美国所坚持的民主立场，美国人认为应当给予所有朝鲜人自由发表自己意见的机会，联合委员会也应当听取朝鲜任何政治团体和社会团体代表所提出的意见。而更为深层的原因可能在于：美国如果亮明自己只接受支持莫斯科协定的政党的立场，不仅有可能失去在南朝鲜最为拥护他们的“民主议院”等右翼政治势力的支持，这些人都是激烈的反托管分子，而且会使反对莫斯科协定的右翼政党丧失协商资格，那么未来的临时政府中就只剩下共产党为首的左翼势力代表朝鲜人民说话了。②所以“民主议院”的公开声明不仅不能反对，还要继续维护这种言论自由的氛围，在霍奇看来，美国人在朝鲜头等重要的事就是要维护言论自由的原则，这不仅是他个人的政治信仰，也是符合美国利益的权宜之策，因为惟有如此，才能建立起一个真正的民主政府，而不是一个共产党政府。③这也让苏联方面大为不满。

在第五号公报公布后，联合委员会开始着手编订委员会将

---

① 《察拉普金关于朝鲜联合委员会工作给洛佐夫斯基的报告》，1946年5月14日，ЦАМОРФ, ф.Устаск, оп.614631, д.30, л.18-38，沈志华、王绍章整理：《俄国档案原文复印件汇编：苏联占领朝鲜》（第15卷）。

② 杜鲁门：《杜鲁门回忆录：考验和希望的年代1946-1953》，第373页；F·C·琼斯、休·博顿、R·B·皮尔恩著，复旦大学外文系英语教研组译：：《国际事务概览（1939—1946年）·1942—1946年的远东》（下册），第650—651页。

③ *FRUS, 1946, Vol.8. The Far East,* pp.632-633.

与之协商的朝鲜主要政党、社会团体名单，苏联负责北朝鲜的部分，美国负责南朝鲜的部分。在编订政党名单的过程中，美苏代表再一次发生分歧。在美国代表团提供的包括20个南部朝鲜民主政党、社会团体的名单中，只有3个是加入民族民主战线的民主政党，其余17个都是参与“民主议院”的政党，以其坚决反对莫斯科协定而闻名。苏联人认为，美国代表团的名单中缺少工人、农民组织的代表，排除了诸如全朝鲜劳动代表同盟（约有60万会员）、全朝鲜妇女协会（约有80万会员）、全朝鲜青年民主同盟（约有65万会员）、全朝鲜农民同盟（约有300万农民参加）等群众社会团体以及其他参加民族民主阵线的民主党派和社会团体。苏联的意见美国表示无法接受。

鉴于双方之间分歧的不可调和，美国代表团在5月6日的大会上提议：停止讨论与组建临时政府相关的问题，转而解决关于朝鲜经济统一和消除“三八线”的问题，美国称，假如苏联代表团不同意讨论关于“三八线”的问题，那么除了休会以外没有别的出路。美国试图通过更改议题来打破会谈僵局，不过美国的这些议题在1945年底的莫斯科会议上就曾提出过，当时就为苏联方面所拒绝。所以就推进会谈进程而言，美国代表团的这一提议与其说是进步毋宁说是一种倒退。

在会谈几近破裂之时，苏联代表团团长什特科夫认为与美国代表团团长阿诺德已没有共同语言，要求直接同驻朝美军司令霍奇将军进行对话。5月8日，什特科夫在汉城美军司令部与霍奇举行会谈。会谈一开始，什特科夫就表达了苏联对朝鲜问题的关切，他说“苏联直接与朝鲜接壤，非常关心与苏联友好的朝鲜临时民主政府。如果反对莫斯科决议、对抗和诋毁苏联的人混入政府，就会对苏联不利、会使朝鲜人民敌视苏联”。对于阿诺德将军在谈判过程中多次提到的，因为美苏两国在管理体制、民主观念上存在差异而导致联合委员会无法在执行莫斯科决议上达成一致，他表示无法理解。什特科夫认为，正是由于对阿诺德将军所说的美苏两国存在体制差异的错误理解，而耽搁了联合委员会工作。什特科夫还对美国代表团多次指责苏联政策表示不满，因为联合委员会无权对苏联政府“指手画脚”。对于什特科夫的一番言辞，霍奇似乎并不想正面回应，他只是又一次向什特科夫强调了他所看重的言论自由的重要性，并表示要在朝鲜继续执行这一政策。他告诉什特科夫，他允许朝鲜的个人和政党自由表达自己的政治观点，“即便他们反对我，在许多场合反对我的个人观点”，“我给予朝鲜人民不受限制地自由讨论自己事务的（机会），因为朝鲜是朝鲜人的祖国”，“我不能也不愿意压制这种讨论”。霍奇甚至声言“美国和委员会都希望，我们能执行莫斯科决议、建立对（美苏）两国都友好的独立的朝鲜。不希望朝鲜与我们两国中的任何一国为敌”。[①]在美国不断强调美苏存在政治体制上的差异，美苏意识形态上的对立已经露出苗头的背景之下，在朝鲜建立一个对美苏都友好的独立政府无异于是在痴人说梦。

---

① 《什特科夫同霍奇的谈话》，1946年5月8日，ЦАМОРФ, ф.Устаск, оп.614631, д.30, л.10-17, 沈志华、王绍章整理：《俄国档案原文复印件汇编：苏联占领朝鲜》（第15卷）。

苏联人对于美国人那种带有“美式理想主义”色彩的说辞自然是不会信服。双方之间的对话似乎难以再继续，最终第一次会议以什特科夫接到上级命令返回北朝鲜而结束，在未确定下一次会议召开时间的情况下，5月8日联合委员会决定休会。

联合委员会第一次会议在未取得任何实质性进展的情况下进入休会期，会谈无果的原因很大程度上在于美国人在第一次会议中调整了政策，至少美国放弃了在莫斯科会议期间尽可能接受苏联提案促成合作的立场。具体的表现在于，美国在临时政府协商对象资格问题上毫不让步，因为这将涉及未来临时政府的性质。美国可以接受一个亲美的政府、甚至一个所谓“对美苏都友好的政府”，但是绝不能接受一个代表共产党利益的“亲苏”的朝鲜政府。

苏联也觉察到了美国人态度的转变。美苏联合委员会第一次会议结束后不久，什特科夫对会议进行了总结，他得出的结论是：联合委员会中美国代表团的作为及其顽固保护朝鲜反动派的行径，与美国政府当前在其他国家推行的政策如出一辙。对美国好战分子来说，朝鲜是个有利的战略据点。对于美国资本家来说，朝鲜是个可以无限制投入自己资本的有利地方。综上所述，苏联无论是过去还是现在均不能从自己所持的立场上后退，苏联的任何后退或让步，都会导致右翼反动势力的加强，使他们在朝鲜临时政府中得势。一个由朝鲜右翼反动分子所组成的政府，只会对苏联的在朝利益有害，并加强美国人在朝鲜的地位。[①]看来苏联也不准备退让。

三、休会期间

美苏联合委员会休会后，5月18日，华盛顿电告驻朝美国军政府，在执行莫斯科协定时，如果苏联能够保障在朝鲜半岛境内的言论自由，那么随时做好重开美苏联合委员会的准备。[②]不过即便具有复会意向，保证朝鲜半岛内言论自由也是美方无论如何都不能妥协并且必须坚持的方针。[③]苏联对休会后的工作同样作了一定部署，包括在恢复联合委员会工作的问题上不要主动、在关于与政党和社会组织协商的条件问题上应坚持苏联原有立场，在报纸上报道美国在南朝鲜的反动政策，从政治、经济和文化上加强苏联在北朝鲜的地位等等。[④]从美苏各自坚持的原则和工作重点上看，复会的难度系数不小。

或许是谁都不愿率先打破貌似仍在维持的合作局面，承担起破坏联合委员会工作的主要责任，休会期间，美苏双方为联合委员会的复会仍在做着努力，驻朝美军总司令霍奇和驻朝苏军总司令奇斯佳科夫通过书信往来磋商复会事宜。

---

① 《什特科夫关于朝鲜问题苏美联合委员会工作情况给莫洛托夫的报告》，1946年5月31日，沈志华：《朝鲜战争：俄国档案馆的解密文件》（上册），第81页。

② *FRUS, 1946, Vol.8, The Far East,* p.681.

③ *FRUS, 1946, Vol.8, The Far East,* p.699.

④ 《什特科夫关于朝鲜问题苏美联合委员会工作情况给莫洛托夫的报告》，1946年5月31日，沈志华：《朝鲜战争：俄国档案馆的解密文件》（上册），第81—82页。

在最初并不频繁的信件往来中，美苏双方仍在反复强调第一次会议期间各自所持立场的正确性。奇斯佳科夫就认为，苏联代表团在谈判中坚持不与反对莫斯科协定、反对托管制的政党和组织协商的立场是完全正确的，应当将各政党和团体对待莫斯科决议的立场作为衡量真正的民主、期望朝鲜成为民主国家的最重要标准，而美国在实际行动中将朝鲜国民革命党、朝鲜劳动组合、朝鲜妇女协会、朝鲜青年同盟、朝鲜农民协会等大众民主政党和团体排除在外，是有违其所宣扬的“民主”原则的。对此，霍奇则认为，莫斯科决议并未规定不得与反对该决议的组织协商，也没有这方面的规定，因此苏联方面对此的解释是单方面的，美国人的民主观念是建立民意政府，人人权利平等，莫斯科决议并未规定托管的条件或性质，只是规定了不到五年的托管期，该决议还承认朝鲜人表达言论的自由。霍奇强调，美国方面认为，在建立本国政府问题上，朝鲜所有的政党和社会团体均可以畅所欲言，[①] 双方似乎均无意在自己的立场上做出让步。

而美国方面一系列的公开表态又进一步加大了复会的难度。8月30日，美国国务院发表一份朝鲜政策声明。声明称：鉴于朝鲜统一进程缓慢，美国需要立即解决南朝鲜刻不容缓的

---

① 《苏美代表关于恢复联合委员会工作的通信》，1946年8月28日，ЦАМОРФ, ф.Устаск, оп.614631, д.30, л.58-59；》驻朝苏军司令奇斯佳科夫上将就恢复苏美联合委员会工作致信霍奇》，1946年10月26日，ЦАМОРФ, ф.Устаск, оп.614631, д.30, 81-85；《美军司令霍奇中将回复驻朝苏军第25集团军司令奇斯佳科夫上将1946年10月26日来信》，1946年11月1日，ЦАМОРФ, ф.Устаск, оп.614631, д.30, л.86-87, 沈志华、王绍章整理：《俄国档案原文复印件汇编：苏联占领朝鲜》（第15卷）。

社会、经济问题，为了朝鲜人民表达意见和保障朝鲜的领导，美国愿意与所有政党和朝鲜立法机关合作。[①]9月6日，霍奇在美军登陆朝鲜一周年庆祝会的讲话中强调，美国“不打算使用强制或违背朝鲜人民意愿的手段”，美国决心在公正，经济、社会、政治自由的基础上建立一个独立自主的朝鲜。[②]这些表态无疑是对苏联立场的公开回击。

由于美苏之间找不到任何作为复会基础的共识点，联合委员会重开交涉一度陷入停滞，直到11月，美苏司令官之间的交涉才出现了转机。11月26日，奇斯佳科夫在致霍奇的信中，提出将下列建议作为恢复联合委员会工作的基础：1.联合委员会应当与完全支持关于朝鲜问题莫斯科决议的民主政党、社会团体进行协商。2.参加与联合委员会协商的政党、社会团体不得派出坚决反对莫斯科决议的代表。3.参加与联合委员会协商的政党、社会团体不得挑唆、煽动群众反对委员会工作、反对莫斯科决议。否则，经苏、美代表团协商后取消其继续与委员会协商的资格。[③]

霍奇在12月24日的回信中，提出如下的修改建议：1.只有签署第五号公报规定声明，方可被视为具有完全支持莫斯科决

① 《美国国务院朝鲜政策声明》，1946年8月30日，ЦАМОРФ, ф.Устаск, оп.614631, д.30, л. 161-163, 沈志华、王绍章整理：《俄国档案原文复印件汇编：苏联占领朝鲜》（第15卷）。

② 《霍奇在1946年9月6日美军登陆朝鲜庆祝会上的讲话》，1946年9月6日，ЦАМОРФ, ф.Устаск, оп.614631, д.17, л. 31, 沈志华、王绍章整理：《俄国档案原文复印件汇编：苏联占领朝鲜》（第18卷）。

③ 奇斯佳科夫回复霍奇1946年11月1日来信，1946年11月26日，ЦАМОРФ, ф.Устаск, оп.614631, д.30, л.88-92, 沈志华、王绍章整理：《俄国档案原文复印件汇编：苏联占领朝鲜》（第15卷）。

议的善良愿望。签署此类声明的政党或社会团体可参加最初的协商。2.签署此类声明的政党或社会团体有权指派这样的代表，即他以自己认为最为合适的方式向联合委员会提交他关于执行莫斯科决议的看法。但是如果有充分的理由认定该代表反对执行莫斯科决议，或反对任何一个盟国，联合委员会代表团经相互协商后可以要求发表此类声明的政党将其位置让与其他代表。3.应邀同联合委员会协商的个人、政党、社会团体在签署第五号公报规定的声明后不得从事挑唆、煽动反对委员会工作、或反对任何一个盟国、或反对执行莫斯科决议的活动。那些签署第五号公报规定的声明后依然从事挑唆、煽动反对委员会工作、或反对任何一个盟国、或反对执行莫斯科决议的个人、政党、社会团体将被取消与联合委员会继续协商的资格。处理此类个人、政党或社会团体将由联合委员会的苏联、美国代表团协商决定。[①]从建议内容来看，首先，霍奇把签署第五号公报视为守信义的一种表示，使得签字者有权与委员会进行初步的磋商。其次，签署声明的政党和团体组织有权选派自己的代表，但如果发现这个代表反对莫斯科协定，那么委员会可以要求将其撤换。最后，霍奇试图把下列两类人区分开来，即那些真心实意反对托管制的人与那些煽动别人积极反对联合委员会和盟国或反对其执行莫

① 《美军霍奇中将就奇斯佳科夫1946年11月26日来信中苏方代表的建议问题致函驻朝苏军第25集团军司令奇斯佳科夫上将》，1946年12月24日，ЦАМОРФ, ф.Устаск, оп.614631, д.30, л. 95-96, 沈志华、王绍章整理：《俄国档案原文复印件汇编：苏联占领朝鲜》（第15卷）。

斯科协定的人。霍奇认为，表达自己的想法并无害处，这种行为不应受到责难；但是积极的反对盟国并采取百般阻挠的策略，就不应受到宽容了。

对于霍奇的修改建议，苏联方面很快做出回应，对霍奇所提的建议仅做了少许的修改。在苏联方面看来，此时美国方面的建议终于比较接近于苏联的观点，所以可以开始执行关于朝鲜问题莫斯科决议联合委员会的工作了。奇斯佳科夫表示，他将派自己的代表到汉城做恢复联合委员会工作的前期准备。[①]

到1946年底，美苏联合委员会复会的交涉进入轨道，复会的可能性在逐步增大。从表面上看，美苏在朝鲜问题上的合作正在向积极的方向发展。然而，实际上，因为美苏在理念及制度上存在本质差异，双方在其各自管辖的区域内，正在依据自身方式积极促进区域内的政治、经济、社会的发展，以扩大自己的影响力。在南方，美国采取相对松散的管控方式，鼓励西方概念的民主化以及反共运动；在北方，苏联强调高效的集中管治，并通过宣传等方式激发群众的反美情绪。联合委员会休会后，美苏军政府将关注点放在巩固各自的占领区，朝鲜南北逐步分化成为两个不同的政治和经济实体。

日本投降后，美苏在朝鲜面临的首要问题之一就是土地改革，其中不仅涉及朝鲜地主所占有的土地，还涉及日本人在朝

---

① 《奇斯佳科夫回复霍奇1946年12月24日来信》，1946年12月24日以后，ЦАМОРФ, ф.Устаск, оп.614631, д.30, л. 97-101，沈志华、王绍章整理：《俄国档案原文复印件汇编：苏联占领朝鲜》（第15卷）。

鲜殖民时期拥有的大批地产。在南朝鲜，对于朝鲜大地主所掌握的土地，美国人允许其继续持有，仅对农民所交地租做了相应的调低；对于日本人的地产，美国人的态度是先代为保管，待日后成立一个统一的朝鲜政府后，再将土地移交给朝鲜政府全权处理。这样，在南朝鲜，日本殖民时期的土地制度其实并未受太大冲击，所不同的是，日本人的土地所有权转为由美国人控制的"新朝鲜"公司支配。对于日本人的工业资产，美国人同样采取先转归军政府代为保管，日后移交朝鲜政府处理的办法。工业恢复方面，霍奇认为有必要等待一个统一的朝鲜政府成立后，再开展大规模的复兴计划，因此，到1946年5月为止，美国仅承担了一个有限范围的经济计划。直到1947年10月联合委员会协调归于失败，1948年5月南朝鲜境内举行单独选举之后，美国才在南朝鲜实施了一个全面的经济计划。根据南朝鲜报刊的资料（1947年9月10日《朝鲜全南日报》），1947年9月南朝鲜全部工业的开工率总共只有30%。许多企业倒闭，缺少工业设备、机器备件、燃料和一些原材料。所有原先属于日本人的工业企业和从前的日本的产业都由美国人接管并视为"敌产"。失业人数月月在增加，1945年南部朝鲜的雇佣工人数量为40万人，到了1947年，这一数字下降到了10万人。①

---

① 《苏联外交部第一远东司关于朝鲜局势的报告》，1947年12月31日，沈志华：《朝鲜战争：俄国档案馆的解密文件》（上册），第95-96页；F·C·琼斯、休·博顿、R·B·皮尔恩著，复旦大学外文系英语教研组译：《国际事务概览（1939—1946年）·1942-1946年的远东》（下册），第676—688页。

南朝鲜的政局依旧是一团混乱，大小政党林立，政党之间又不愿意展开合作，左右翼对立严重。霍奇一直强调要依照朝鲜人的意愿行事，但混乱的政局，很难确定哪一个派别是真正代表人民的。小的政党不计其数，大的派别又分化成若干集团，成员相互重叠。以李承晚、金九为首的右翼势力领导着反托管运动，由于其反共反苏立场和要求立即实现朝鲜独立的诉求使他们成为军政府合作的对象，但右翼势力强烈的反托管立场又与美国军政府在莫斯科协定框架下解决朝鲜问题的公开主张相抵触。以朝鲜共产党为首的左翼势力尽管支持托管，但是其反对美国政策和美国军政府的立场，尤其越发明显的亲苏倾向，使其政治活动受到遏制。在左右翼势力之外，以金奎植和吕运亨为代表的中间势力曾一度崛起，发起“左右合作运动”，[①]并得到美国军政府的支持，但终因未能得到左右两派核心势力的支持而失败。

为了改善南朝鲜混乱的政局，1946年6月下旬，美国军政府首次发表成立“朝鲜临时立法议院”计划，即在所谓“朝鲜人化”的口号下，使朝鲜人参与军政府的事务，以此向朝鲜人转让行政权。议院由90人组成，一半由选举产生，另一半由美国司令官任命。议院的任务是制定涉及公共福利的法令。9月成立了一个右翼保守势力占绝对优势的议院。12月中旬临时议院召开第一次会议。美国军政府试图在南朝鲜建立一个临时政府

---

① 详见下一节。

的构想似乎正在一步一步成为现实，然而，由于霍奇公布了他为重开联合委员会会议而与奇斯佳科夫交涉的通信，临时议院中的保守势力认为霍奇是对反托管阵营的背叛，因此反应十分强烈。1947年1月20日，立法议院以一票反对、九票弃权通过了如下决议：

（一）霍奇将军无视朝鲜人对莫斯科协定中关于朝鲜托管的规定的强烈反对，认为签署联合委员会第五号公报就是完全支持莫斯科协定，这是歪曲民意。在此，本院指出他的论点的无理，并表示坚决反对。

（二）个人、政党和社会团体受到限制，并"在某些情况下"不得自由表达他们对于实施莫斯科协定的意见，这意味着将把托管强加于我国人民，这不仅违背了大西洋宪章中保证的言论自由的原则，也违背了霍奇将军自己在美苏联合委员会休会时所发表的声明。在此，本院指出这是"对表达思想的自由的侵犯"，并表示坚决反对。①

美国人创建的议院，最后却反过来反对他自己，这让美国人好不尴尬。

美国人所极力倡导的言论自由将自己带进了死胡同，代表美式民主理念的言论自由，最终既没有换得南朝鲜任何一派国内政

---

① F·C·琼斯、休·博顿、R·B·皮尔恩著，复旦大学外文系英语教研组译：《国际事务概览（1939—1946年）·1942—1946年的远东》（下册），第663页。

治势力对美国军政府忠心不二的支持，又成为苏联指责美国破坏美苏联合委员会、不严格履行莫斯科协定的口实。美国在朝鲜南部实施的占领政策似乎有些不得章法，而这种不得章法与美军驻朝鲜最高司令官——霍奇将军本人多少有着一定的关系。

正如前文中所述，霍奇在处理军务方面是内行，但在外交事务上却是彻头彻尾的门外汉，从占领南朝鲜的第一天起，他就没有找到合适的与朝鲜人打交道的方式，导致他在具体政策的选择上，经常出现左右摇摆甚至前后矛盾，比如美苏两支占领军同样面临的粮食供应、配给、物价控制问题。不可否认，美国遇到的困难要更大，因为朝鲜南部的人口更多，同时还要兼顾两百多万的难民。美国人道主义的民主准则还要求对所有人一律给饭吃，无所歧视，无论其政治信仰如何。美军司令部还希望能够尽可能地顺应朝鲜人的愿望，这就让事情更加复杂。因此，当朝鲜人吵吵嚷嚷要求取消配给制并取消物价的控制时，霍奇默许了；当经济情况恶化而不得不重新实施这些控制时，霍奇就受到严厉的批评。当农民们抵制夏粮和秋粮征购计划执行的时候，他们的愿望又尽可能地得到了尊重，以至于没有采取什么直接的行动来对付他们。这种摇摆与矛盾在后来联合委员会第二次会议期间又再次出现。为了在委员会的第二次会议期内创造一种尽可能公正的气氛，霍奇曾下令禁止南部出现反托管的示威活动，当联合委员会出现僵局，苏联代表团坚持只有那些对共产党友好的组织才能参加磋商时，霍奇又解除了禁止南朝鲜群众示威的命令，结果禁令一解除，南朝鲜局势一度失控，发生了一系列的暴动和反共运动，受害者之一是吕运亨，他被一个右翼势力分子所暗杀。

在美国的占领区域内，霍奇发现朝鲜人似乎对给予他们的自由并不满意，他们把大部分的精力都花在批评美国的政策上，他们强烈地反对托管制，对于没有实施诸如把日本人占有的土地收归国有之类的改革措施，他们大为恼怒。南朝鲜政党派系林立且左右对立严重，很难选择出一个真正代表民意的派别去开展工作。在一切治理国家的问题上（例如采用选举法组建临时议院），都得由军政府出来倡导，但要想得到朝鲜人的支持，也是枉然。

美国军政府在南朝鲜所遭遇的一切让霍奇挫败感很强，霍奇本人从一开始就对托管政策持保留态度，尤其是在目睹南朝鲜人民激烈的反托管运动后，他更加认定托管政策并不是一个好政策。但托管制毕竟是莫斯科三国外长会议协商一致的结果，美国政府在协定上签了字，就理应在现实层面加以执行。当霍奇意识到他在南朝鲜的所作所为离美国政府的既定政策已相当远的时候，他曾表示要辞职。但在1946年初，由苏联调任英国做大使的哈里曼访问了朝鲜，他站在霍奇一边反对美国国务院坚持的托管方针。[①]哈里曼在美国政坛具有一定的影响力，有了他的支持，霍奇在朝鲜又可以继续以自己的意志行事。

1946年至1948年，美国国务院和陆军部与美国驻南朝鲜司

---

① 【苏】瓦·米·别列日科夫：《外交风云录（续篇）》，北京：世界知识出版社，1982年，第10页。

令部之间电报往来频繁，电文读来枯燥而如出一辙，都是外交官和军官们所撰写的有关寻求解决方案的文字，而最终这些努力都化为空忙一场。美国军政府所处理的都是几十年结下的政治冤仇和纷争，南朝鲜一度出现多达113个政党，而政党彼此之间又都不愿意展开合作。定期与苏联人就托管问题所进行的磋商毫无成效。以霍奇为首美国军政府的官员们认为，苏联人已经立足于在朝鲜半岛与美国人打一场消耗战，苏联人确有把握地认为美国人最终会放弃并离开朝鲜。霍奇在1946年中意识到，“尽管朝鲜在美国的外交政策中远未提上日程……但我感到，这里的局势可能一触即发，必须引起华盛顿的注意”。[①]

与南朝鲜的乱局形成鲜明对比的是，北朝鲜在苏联的领导下正有条不紊地进行着广泛的民主改革。最先推进的是土地改革，1946年3月5日，北朝鲜临时人民委员会发布法令，开始在朝鲜北部地区实行土地改革。土地改革是民主改革的重要内容，通过这次改革，近72.5万无地和少地农民无偿获得原属于日本殖民者和亲日派、民族叛逆者、地主的1000325町步（1町步合中国的14.796市亩、99.174公亩）的土地，土地改革极大地解放了北朝鲜的生产力、提高了粮食产量。8月人民委员会又对属于日本人及朝奸的工业、运输、通讯和金融企业实行了国有化。同年夏天通过的劳动法，保障所有工人、职员8小时工作日，禁止使用童工，实行带薪休假日，为工人、职员提供保险以保障其暂时失去劳动能力时得

① 【美】约瑟夫·古尔登著，于滨等译：《朝鲜战争：未曾透露的真相》，第22页。

到补贴。在国民教育方面进行根本改造，采用朝鲜语教学。朝鲜的工业恢复情况也引人注目，工厂的开工状况良好。1947年初金日成的报告称，有822家工厂在开工，包括3家钢铁厂和5个矿区。朝鲜的经济、社会焕然一新。而政治方面的最主要成就是北朝鲜成立了以人民委员会为代表的民主政权机构。1947年2月北朝鲜人民委员会第一届代表大会选出了最高权力机关——北朝鲜人民会议（成员为237人）。人民会议第一次会议（1947年2月21—22日）肯定了临时人民委员会自1946年2月成立以来的工作，并成立了由劳动党领导人金日成担任主席的北朝鲜常务委员会。1947年11月18至19日召开了人民会议第三次会议，通过了制定朝鲜临时宪法的历史性决议，同时通过了起草诉讼、民事和刑法等法典的决议，并批准了北朝鲜人民委员会所通过的一系列法规。[①]在苏联军政府的帮助下，北朝鲜的经济、政治秩序得到有效恢复。

此外，苏联还向北朝鲜派出大量专家。苏联的技术人员、工程师和行政人员在苏军占领的最初几个月内就进入了北朝鲜，他们取代了日本人，作为指导人员，在采矿、铁路运输、制造业和工程方面训练朝鲜人。驻朝苏军军政府曾多次向斯大林发电报请求速派苏联专家来朝，理由是“如果在北、南朝鲜统一和朝鲜临时政府成立之前，苏联专家尚未抵达北朝鲜，那么朝鲜临时

---

① 《苏联外交部第一远东司关于朝鲜局势的报告》，1947年12月31日，沈志华：《朝鲜战争：俄国档案馆的解密文件》（上册），第94页；F·C·琼斯、休·博顿、R·B·皮尔恩著，复旦大学外文系英语教研组译：《国际事务概览（1939—1946年）·1942—1946年的远东》（下册），第688—689页。

政府由于不能没有外国技术援助而必然会去请美国专家为朝鲜工作，这样就会加强美国人在朝鲜的影响而有损苏联的国家利益”。①苏联政府对此非常重视，把派遣专家视为扩大苏联在朝鲜影响力的一种重要手段。

在推进民主化改革的同时，苏联亦重视对北朝鲜舆论的引导，将宣传重点放在对比南北两个占领区的政策差别上，以苏联在北朝鲜推行民主改革的深得民意反衬美国军政府在南朝鲜的不得人心。1946年12月初，什特科夫致信苏联民政局负责人罗曼年科，建议在北朝鲜的刊物上发表系统文章，揭露美国军政府在南朝鲜所实施的政策，说明美国在南朝鲜民主改革上的力度不仅有限，而且非朝鲜人民所愿。什特科夫建议北朝鲜的报纸在对朝鲜居民进行宣传中，要经常使用以下这些具体事实，类似于北朝鲜建立了真正的民主制度，使美国在南朝鲜人民面前面临窘境而被迫实行一些民主改革，但是这些改革并不彻底，其目的首先在于欺骗朝鲜劳动人民、掩盖南朝鲜美军统帅部的反动殖民政策。什特科夫最后指示苏联民政局，不仅要为北朝鲜报纸完整报道南部朝鲜事件提供及时的建议，而且要在发表此类文章上给予北朝鲜报纸以实际的帮助。②12月中旬，为迎接月

① 《梅列茨科夫、什特科夫关于速派专家到朝鲜致斯大林电》，1947年5月12日，АПРФ, ф.45, оп.1, д.346, лл.4-6, 沈志华：《朝鲜战争：俄国档案馆的解密文件》（上册），第91页。

② 《什特科夫就美国迫于朝鲜民众压力而作出让步问题致信罗曼年科》，1946年12月9日，ЦАМОРФ, ф.Устаск, оп.614631, д.29, л.69-71, 沈志华、王绍章整理：《俄国档案原文复印件汇编：苏联占领朝鲜》（第21卷）。

底即将到来的莫斯科三外长会议通过关于朝鲜问题决议一周年纪念日，什特科夫再次致信民政局，要求在北朝鲜居民中开展广泛的解释工作，指出莫斯科协定迟迟无法得到严格执行、美苏联合委员会处于休会状态，其责任都在于美国和南朝鲜的反动分子。“为比较南部朝鲜、北部朝鲜状况，需要指出，在一年多时间里，美国帮助朝鲜反动派在南部朝鲜维护地主、资本家剥削压榨人民的权利，农民无地、居民挨饿、人民失去政治自由、朝鲜爱国者受到审判和处决、亲日分子进入政府、创立脱离人民的立法机关等。与此同时，北部朝鲜却在为人民而工作。”什特科夫要求民政局开展解释工作时采取下列步骤：“首先在所有朝鲜报纸上发表有关文章；之后通过收音机广播加以宣传；最后采取与机关、企业、乡村的居民交谈的方式。”①

苏联在北朝鲜所缔造的政治体制，正在为绝大多数北朝鲜人所理解和接受。1947年2月，北朝鲜人民委员会代表大会致苏联政府和美国政府的信中，称北部朝鲜最大的民主成就是建立了真正的民主政权，那就是人民委员会，它由人民建立、代表着北部朝鲜全体人民的利益。人民委员会肩负维持人民正常生活的任务，还实行了一系列旨在保障人民得到民主权利、改善生

① 《什特科夫就1946年苏美英外长会议后的朝鲜局势致信富尔索夫、罗曼年科》，1946年12月10日，ЦАМОРФ, ф.Устаск, оп.614631, д.30, л. 157-160, 沈志华、王绍章整理：《俄国档案原文复印件汇编：苏联占领朝鲜》（第15卷）。

活、提高文化水平等重要民主改革。①苏联显然对自己在北朝鲜推进的民主化改革运动的结果也是相当满意的。1947年，为重开美苏联合委员会，苏联外交部长莫洛托夫与美国国务卿马歇尔之间进行信函交涉，在4月19日的信中，莫洛托夫专门花了一定篇幅向马歇尔介绍了苏联在北部朝鲜推行民主改革所取得的成就。②不过，在西方学者看来，苏联在北朝鲜实施的政策就是没收、国有化和以尽可能快的速度来复兴经济，以促成建立一个共产党控制的政府。朝鲜人民之所以心甘情愿地接受这种命运，只是因为和日本统治下的生活相比，在苏联统治下的生活似乎较好些。实际上，北朝鲜人除了默认事实外也别无选择，因为倘若有人反对新政权，那么他将失去自己的配给份额，失去刚分到手的田地。苏联人在朝鲜实施的所谓的民主化改革，只不过是"苏维埃化"的代名词而已。③

无论如何，在联合委员会休会的这段期间，美苏在各自占领区采取的政策，使得朝鲜南北部的政治、经济、社会走上了截然不同的发展方向，双方之间的差异越来越大，这似乎昭示着半岛的分裂将成为必然。

---

① 《奇斯佳科夫致信军队总参谋部苏联元帅梅列茨科夫、什特科夫上将、外交部马立克并提交北朝鲜人民委员会代表大会致苏联政府和美国政府的信》，1947年2月22日，ЦАМОРФ, ф.Устаск, оп.614631, д.19, л.133, л.134-140, 沈志华、王绍章整理：《俄国档案原文复印件汇编：苏联占领朝鲜》（第22卷）。

② 《苏联外长莫洛托夫关于苏美联合委员会恢复工作事致马歇尔函》，1947年4月19日，《朝鲜问题文件汇编》，第19页。

③ F·C·琼斯、休·博顿、R·B·皮尔恩著，复旦大学外文系英语教研组译：《国际事务概览（1939—1946年）·1942—1946年的远东》（下册），第668—669页。

四、南朝鲜的左右合作运动

美苏联合委员会召开及休会期间，北朝鲜的政局得到进一步的整合统一，而南朝鲜内部的政治势力则分化加剧，以金奎植和吕运亨为中心的中间势力曾试图发起一个联合左右翼势力的“左右合作运动”，并一度得到美国军政府的支持，但终因得不到左右政党核心势力的支持而失败。

在美苏联合委员会第一次会议召开期间，美国所倡导的言论自由的民主观的确打动了不少朝鲜人，尤其是获得了反托阵营的大力支持，反托阵营进一步表现出亲美倾向。反托阵营的领军人物李承晚公开表达了对美苏的看法，他认为美国是追求世界和平与繁荣的国家，而苏联是企图将韩半岛共产化的国家。他表示虽然苏联占领军企图将朝鲜半岛共产化，但民众已下定决心对抗强制共产化，他本人对抱有解放弱小民族、并使之民主化意愿的美国抱有希望。[①]

当美苏联合委员会进入休会期后，反托管阵营开始积极推进组建自主政府，他们认为此时时机已成熟。1946年5月12日，反托阵营召开“争取独立国民大会”，主张靠自己的力量实现国家的完全独立。反托阵营批判了苏联的权谋、手段与独裁，认为苏联强制进行托管统治、否认言论自由，决心要“促进独立政府的自主组建，实现民意的归一”。[②]从反托阵营的立场上来说，举行

① 〈首爾新聞〉，1946年4月16日。
② 〈東亞日報〉，1946年5月13日。

此次大会的目的在于,组建与美苏联合委员会毫无关系的政府,并借助这种形势撤销三八线。6月3日李承晚在南朝鲜全罗北道的井邑市发表演讲时指出,如果不能成立统一的政府,那么即便南部首先组建临时政府或委员会也好。[①]从他的立场上来看,北方此时已经组建了北朝鲜临时人民委员会,处于休会期的美苏联合委员会短期之内也没有要重新召开的迹象,统一政府的组建进展也并不如意,在这种情况下反托管阵营应该采取某些措施。

1946年底,美苏联合委员会的重新召开取得重大进展,1947年1月13日,以民主议院为首的35个右翼团体[②]召开了会议,发表了内容为坚决反对托管统治的共同声明。这35个反托管团体还决定取消美苏联合委员会第一次会议期间提交的声明宣言书。他们之前是根据霍奇的解释,在言论自由的原则和主张反托管的前提下签署声明的,但霍奇致什特科夫的书信中表示美苏联合委员会复会后将不会和反托管团体进行协商,所

① 〈首爾新聞〉,1946年6月4日。

② 这35个右翼团体的名单如下：民主议院、非常国民会议、民族统一总本部、独立促成国民会、韩国独立党、韩国民主党、朝鲜民主党、民众党、女子国民党、大韩劳动总联盟、韩国劳动者自治联盟、独立促成全国总联盟、大韩独立青年团、朝鲜青年党、大韩民主青年同盟、韩国光复青年会、朝鲜建国青年会、韩国青年会、独立促成韩国青年会、西北青年会、佛教青年党、基督教青年联合会、忧国老人会、妇女团体总联盟、独立促成爱国妇女会、朝鲜爱国妇女同盟、天主教联盟、朝鲜作家协会、中央文化协会、青年文学家协会、朝鲜美术协会、全国学生总联盟、西北学生总联盟、新进民族协会、建军协进会。〈東亞日報〉,1946年1月17日。

以他们要取消在第五号声明中的签字。[①]在此基础上，为了更进一步高效地推进反托运动，1月21日，由金九、赵素昂（Cho So Ang）等人发起结成反托管独立斗争委员会（反托管委员会），选举金九任委员长，35个右翼阵营的政党和社会团体加入该组织，反托管委员会以“坚决反托、自主独立”为旗帜，以排斥托管为决议，后成员增加到42个。1月29日，反托管委员会召开中央执行委员会，宣称托管制抹杀了民族精神，无视韩民族的主权，将三千万同胞变成长期的奴隶，必须坚决排斥托管统治。[②]2月14日召开“反托管独立誓师大会”，决心在美苏联合委员重开以后仍然持续地开展反托管示威活动。在誓师大会上，反托管委员会将美苏联合委员会试图建立的临时政府定性为傀儡政府，并决议积极反对临时政府。[③]

赞托阵营组成的左翼政治力量——民战对什特科夫在美苏联合委员会开幕式上所发表的演讲表示赞同。民战认为这与他们平时的主张完全一致，所有反对莫斯科协定的个人、政党和团体，对组建临时政府一事既没有发言权也没有参与权。[④]赞托阵营将反托阵营定性为离间、中伤美苏联合委员会

---

① 〈東亞日報〉，1946年1月18日。因此向霍奇司令官表示取消第五号声明签名的团体有韩民党、女子国民党、独促国民会等27个团体，美苏联合委员会邀请签名的15个右翼团体中除了金奎植代表签名的朝鲜基督教青年联合会以外全部参加了取消活动，详见〈京鄉新聞〉，1947年1月26日。

② 〈東亞日報〉，1947年2月5日。

③ 〈朝鲜日報〉，1947年2月15日。

④ 〈首爾新聞〉，1946年3月21日。

的反民主反动分子。赞托阵营对美苏联合委员会对朝鲜的独立进行的援助表示感谢，并表示将积极加以协助。[①]赞托阵营将政局分成了民主与反民主的对决，而临时政府只能在民主主义的原则上建立，因为只有这种政府才能肃清日本的残势，才能完成民族的政治、经济、文化重建的历史任务。[②]赞托阵营的主张体现了其以人民委员会为政治基础组建朝鲜临时政府的想法，在赞托阵营看来，反托阵营都是一些不为人民考虑、只顾及自身利益的政党，美苏联合委员会根本就没有必要同他们协商。由于持上述立场，赞托阵营对第五号公报的发表积极欢迎。赞托阵营认为第五号声明是在人民的面前区分究竟谁是真正为人民考虑、谁是只为自身权利欲考虑的领导人的标准。

美苏联合委员会进入休会期后，赞托阵营大为失望，他们原本期待美苏联合委员会成功召开，会组建以他们为主导的政府，但联合委员会休会以后，依靠联合委员会组建政府的希望暂时变得渺茫。民战表示："休会对我们来说与其说是遗憾，不如说是

① 〈首爾新聞〉，1946年4月1日

② 朴宪永所指出的民主主义原则如下：①有意识地、真挚地支持莫斯科协定，并向全民族真诚地宣传、说明莫斯科协定，以这样真正的民主主义政党与群众团体为顾问，并以此为基础建立的政府。②亲日派、民族叛徒、新法西斯分子、伪装为民主的反对莫斯科协定的集团或政权，以及态度临时转变为支持莫斯科协定的集团应当从建立政府的名单中排除。③政治形态应该是在人民当中成长起来的人民委员会的形式，只有这种形式才能承担得起民族自决权，才能成为统一的组织形态。④不以一个阶级、一个党派或是一个人物为前提，而应该保障各个阶级的平等自由的生活、保障生活水平的提高。〈解放日報〉，1946年3月23日。

不幸。”[①]民战认为，休会的原因主要在于反托阵营的不合作，由于反托阵营对莫斯科协定的强烈反对，并且签署第五号公报声明的态度不认真，才导致了这样的结果。民战批判反托阵营只顾满足自己的权力欲的做法，认为反托阵营的“冥顽不灵终于酿成大祸”。[②]赞托阵营的立场是没有美苏两国共同的帮助朝鲜政府是无法建立起来的。[③]赞托阵营的逻辑是，如果朝鲜民族是用自己的力量将日本帝国主义赶出朝鲜半岛，那么朝鲜民族是能够自主地建设工业与文化的，但是现实并非如此，因此向联合国请求一定的援助是理所当然的。莫斯科协定是保障朝鲜独立的协定，因此反对该协定就是反对独立，也就是“反苏—反美的自杀性行动”。[④]

在美苏联合委员会的重开交涉开始出现起色时，赞托阵营一片欢声雀跃。赞托欢呼雀跃的原因在于，如果联合委员会能够重新召开，那么他们就能在组建临时政府一事上占据更加有利的位置，因为赞托阵营一贯是要求践行莫斯科协定。对于反托阵营单独组建政府的运动，民战认为妨碍了美苏联合委员会组建临时政府，将其斥之为企图永久分裂民族的行为。[⑤]1947年3月20日民战发表声明，表示北朝鲜已经实施的民主改革打开了忠实履行莫斯科协定的道路，分析在这种情况下，从国内外

① 〈解放日報〉，1946年5月11日。
② 〈解放日報〉，1946年5月11日。
③ 〈中央新聞〉，1946年5月11日。
④ 〈解放日報〉，1946年5月13日。
⑤ 〈獨立新報〉，1947年3月17日。

形势来看，美苏联合委员会重新召开的条件已经成熟。他们要求在忠实地践行莫斯科协定的基础上重新召开联合委员会。[①]

就在左右翼势力因赞托、反托加剧分化对立时，中间阵营崛起，以金奎植（偏右翼）和吕运亨（偏左翼）为中心的政治力量发起了促使上层“左右合作”的运动。一直以来，金奎植与吕运亨都与各自所属阵营保持着一定的距离，追求比较稳健的路线。1946年5月26日，吕运亨在与美军政官员勒奇（G. A. Lerch）的交谈中断言，如果左右不统一，那么朝鲜半岛就会像过去历史所证明的那样不可能实现统一。[②]7月25日，由右翼代表金奎植、元世勋（Won Sei Hoon）、安在鸿（Ahn Jae Hong）等和左翼代表吕运亨、成周实（Sung Ju Sil）等组成的“左右合作委员会”在德寿宫举行首次会谈。会谈中，各方就合作的基本原则提出了各自的主张。左翼方面提出“五原则”，包括：支持莫斯科协定，通过美苏联合委员会协商成立临时政府，根据无偿没收无偿分配的原则实行土地改革，主要产业国有化，铲除亲日派和民族叛逆者，政权归人民委员会等。右翼方面提出“八原则”，即所谓国际托管在临时政府建立后解决，政治、经济、教育和各种制度与法令以建设均等社会为目标由临时政府成立后召开的国民代表会议决定，对亲日派和民族叛逆者惩治由临时政府成立后即刻建立的特别法庭处理等等。[③]不过双方提出的原

① 〈獨立新報〉，1947年3月20日。

② 〈獨立新報〉，1946年5月26日。

③ 曹中屏、张琏瑰等编著：《当代韩国史（1945—2000）》，第50页。

则差异太大，并且，南朝鲜的政治环境也在日趋恶化，这些均对合作谈判造成巨大压力。

鉴于当时以李承晚和金九为首的极右势力正在全力进行反对莫斯科协定和反托管的行动，美国军政府很难给予极右势力以公开的支持；而以朴宪永为首的极左势力所表现出的亲苏反美的立场，包括朝鲜共产党在南部所开展的散布不利美言论、反对征粮计划、鼓动工人罢工等一系列反对美国军政府的活动，美国军政府又很难容忍。所以，"左右合作运动"从一开始就受到了美国军政府的关注。从美国的立场看，"反托管运动"是与莫斯科协定的宗旨相违背的，如果美国公然支持李承晚等人日益明朗的分裂的行径，不仅不利于维持与苏联表面上的协调，也势必会迫使中间势力倒向共产党为首的左翼阵营。反之，如果美国军政府支持"左右合作运动"，不仅可以从内部瓦解左翼阵营的"民战"组织，还可以在维持莫斯科协定的框架下，建立一个亲美的第三势力政府，从而实现防止朝鲜半岛"共产主义化"、出现一个"亲苏政府"的既定目标。

美国军政府对"左右合作运动"是寄予一定期望的。1946年10月初，为推进美苏联合委员会再开交涉进程，美方代表万斯（Vans）曾被派往北朝鲜了解情况，与苏军政治顾问巴拉萨诺夫（Balasanov）及金日成会面，期间多次提及当时南部正在进行的左右联合运动。万斯坦言，南部朝鲜主要的困难是"直到现在我们都不能像北部朝鲜那样把所有的政党联合成统一阵线"，因为朝鲜南部有很多政党、日本间谍、贵族，他们都反对左派人士，此外左派人士也不想联合。在万斯看来，美国人犯的最大错误就是看好了李承晚和金九，霍奇从美国召回李承晚，是期望李承晚将朝鲜政党、朝鲜人民团结起来，结果却事与愿违。所以，现在美国完全改变了自己的立场，重点支持人民党领袖吕运亨。美国认为作为中间势力的吕运亨也会让苏联代表团满意。霍奇成立民主议院就是希望它能够联合分别以吕运亨、朴宪永、李承晚为首的三个主要政治组织。万斯还特意询问了金日成对金奎植的看法，因为万斯对金奎植感觉甚好，他认为金奎植人很不错，在群众中有影响，还与亲日分子斗争。不过对于共产党势力，万斯依旧不加掩饰地表示了不满，万斯认为正是共产党在南部朝鲜用反对美国人所有措施的积极破坏活动代替合作，造成了美国人和共产党之间的隔阂并最终导致苏联和美国在朝鲜关系的恶化。①

由于得到美国军政府的支持，几乎陷入停顿状态的“左右合作委员”，经过反复协调，在10月7日，终于发表了《左右合作七原则》，“七原则”的主要内容如下：

① 《万斯与金日成1946年10月6日会谈记录》，1946年10月6日，ЦАМОРФ, ф.Устаск, оп.614631, д.30, л.71-78, 沈志华、王绍章整理：《俄国档案原文复印件汇编：苏联占领朝鲜》（第15卷）；《巴拉萨诺夫关于万斯与金日成的会谈情况致马立克的报告》，1946年10月6日，АВПР, ф.0102, оп.1, д.16, п.1, л.1-10, 沈志华、王绍章整理：《俄国档案原文复印件汇编：苏联占领朝鲜》（第11卷）；《巴拉萨诺夫致信外交部马立克、梅列茨科夫、什特科夫通报与抵达的苏美联合委员会美方代表万斯等人的会谈情况》，1946年10月，ЦАМОРФ, ф.Устаск, оп.614631, д.30, л.63-68, 沈志华、王绍章整理：《俄国档案原文复印件汇编：苏联占领朝鲜》（第15卷）。

1. 在保障朝鲜民主、独立的三国外长会议决议的基础上，通过南部朝鲜、北部朝鲜左派、右派的联合成立临时民主政府。2. 发布要求恢复苏美联合委员会工作的声明。3. 在土地改革上，通过没收方式无偿分给农民土地，没收应逐渐减少土地买卖、合理解决城市用地和建筑用地问题；主要工业部门国有化；立即实行社会劳动法，通过给予政治自由的方式立刻实行地方自治制度，立刻解决通货问题，满足人民日益增长的物质需求，准备解决民主国家建设问题。4. 本委员会应制订必要的惩处亲日分子、民族败类措施并将其交给立法机关，还要将审查权、对问题的处理权交给委员会。5. 要竭尽全力营救所有南、北朝鲜被现政权关押的政治活动家，应当从南、北朝鲜左派、右派方面立刻停止恐怖活动。6. 对于立法机关，本委员会授命编制关于立法机关权利和职能、组成方式以及公务授理的草案，争取完成。7. 要竭尽全力充分保障全体朝鲜人民言论、集会、出版、交流、投票等权利。①

从"七原则"内容可以看出：中间阵营认为组建临时政府是当务之急，他们希望通过美苏联合委员会的重新召开实现临时政府的组建；中间阵营并不想倚重于美国或是苏联哪一方

---

① 《左派、右派联合委员关于左派、右派联合的原则》，1946年10月4日，ЦАМОРФ, ф.Устаск, оп.614631, д.17, л. 68，沈志华、王绍章整理：《俄国档案原文复印件汇编：苏联占领朝鲜》（第18卷）。

面，中间阵营的一般想法是吸取世界各国的民主主义的优点，在朝鲜建立最适合朝鲜的民主主义政府，“没有必要说什么美国式的民主主义或是苏联式的民主主义”，[①]所以“左右合作委员会”主张，在组建临时政府的前夕，应该立刻释放政治犯，集合南北的政治领导人，完成左右合作与南北统一。

对于“左右合作委员会”提出的“七原则”，金九领导的韩独党表示支持，李承晚对此表示不满，认为合作条件中有和民主政策相矛盾的地方，主张托管和土地问题应留待临时政府成立后再议，并期望依据民愿处理。1947年初，李承晚赴美游说期间，他向美国国务院提交了一份朝鲜问题议案，要求在朝鲜半岛统一之前，首先在南部实行选举、建立过渡政府并要求得到联合国的承认，使这一政府能够直接与美苏协商。[②]在1947年3月杜鲁门主义发表后，他又向美国国务院建议终止左右合作。[③]韩民党最初对“左右合作运动”表示支持，但在土地政策上因主张“有偿收买、有偿分配”，反对无偿分配土地，对“七原则”持否定态度。以朴宪永领导的朝鲜共产党为首的左翼势力则认为，在反动与进步、独立与隶属之间不容存在中间路线，“七原则”并不是在总体上支持莫斯科协定的，并列举有偿收买地主土地是牺牲人民、保护地主的利益，没有政权归人民委员会的条项等

---

① 〈東亞日報〉，1947年5月29日。

② *FRUS, 1947, Vol.6, The Far East, Washington D.C.: U.S. Government Printing Office, 1972,* pp.603-605.

③ *FRUS, 1947, Vol.6, The Far East,* p.620.

理由表示反对。[①]这样,“七原则”虽然在社会上引起积极反响,但“南北合作运动”始终未能得到左右两派核心势力的支持。

1947年12月15日,“左右合作委员会”宣布解散,以此为标志,历史一年多的“左右合作运动”以失败告终。

“左右合作运动”失败,但美国军政府却从中受益,由于采取支持的立场,使得美军政与金奎植、安在鸿等中间派人士建立了“良好”关系,这对后来美国控制南部地区大有帮助。在这个过程中,朝鲜共产党未能辨明美国军政府所持立场的动机,并在政策上出现失误,从而丧失了“左右合作运动”的领导权,使共产党领导的“民战”势力萎缩。

---

① 曹中屏、张琏瑰等编著:《当代韩国史(1945—2000)》,第51页。

第四章　冷战和朝鲜半岛的分裂

一、冷战的爆发

1947年3月12日，杜鲁门在国会参众两院联席会议上发表演说，他首先详细叙述了希腊和土耳其的局势，说明美国给予希腊和土耳其援助以及监督这些援助，涉及美国的外交政策与国家安全。然后他把世界划分为“自由国家”和“极权政体”这两个非此即彼的对立营垒，并明确提出，世界上的所有国家都必须在这两种生活方式中进行选择，而美国将通过援助希腊和土耳其，表明美国将支持和帮助世界上所有选择“自由制度”抵抗“极权统治”的力量，承担起“自由世界”守护神的使命，他因此要求国会批准对希腊和土耳其的4亿美元援助。美国国会在5月中旬以绝对多数通过了杜鲁门的提议。这便是著名的“杜鲁门主义”的问世。杜鲁门主义是美国外交政策的转折点，也是美国历史的转折点，主要原因有四。首先，杜鲁门利用美国对国内和海外共产主义的恐惧，使得美国人确信他们必须采取一些冷战的对外政策，而这种共识在此后四分之一个世纪里都没有被打破；其次，美国国会给予杜鲁门巨大的权力去按照他的意志发动冷战，杜鲁门的个人声望在其后迅速上升；第三，这是美国战后第一次大规模干涉他国内战，而干涉是以反共为理由的；最后，杜鲁门主义为后来巨额的援助欧洲的马歇尔计划提供了依据。①

"杜鲁门主义"的出台，被视为美苏之间冷战开始的标志，而实际上，美苏对立的冷战苗头在二战结束前后已经若隐若现。

二战结束前夕，美苏结成战时盟国，罗斯福政府选择与苏联合作，主要目的是为了确保反法西斯战争的最终胜利，尤其是在对日作战时获得苏联的参与帮助，以减少美军的伤亡和损失。而美苏这种合作关系的维持，是基于当时两个重要条件：一是存在共同的敌人，二是时任美国总统的罗斯福的个人努力。

毋庸置疑，共同的敌人是促使美苏合作的重要粘合剂。二战期间，美苏分别遭到来自德日法西斯的强大军事入侵，这种军事入侵直接威胁美苏的国家安全、政权安危。历史证明，美苏之间得以合作都是基于国际体系内有威胁到莫斯科或华盛顿的危机。就美国而言，如20世纪30年代的经济大萧条、第二次世界大战和越南战争，导致美国扩大对别国利益的包容；就苏联而

① 【美】沃尔特·拉费伯尔著，牛可等译：《美国、俄国和冷战（1945—2006）》，北京：世界图书出版公司，2011年，第51—52页。

言，则是1905至1917年的革命、1941年德国的进攻以及戈尔巴乔夫到叶利钦时代，均标志着这种包容性的扩大。①在共同敌人的威胁下，美苏的确可以通过适度收敛自身利益扩大包容他方利益而形成合作。换句话说，威胁程度越高，双方合作实现的可能性就越大。

而罗斯福个人的努力同样也不容忽略。罗斯福本人在二战期间一直倡导大国合作，并将英国和苏联看作是美国天然的、永久的盟友。罗斯福以战时同盟在战后将会延续下去的期望作为他全部战略的基础。为此他曾试图通过在台前以苏联的安全利益为重，夹带在幕后巧妙施加压力的方式，来鼓励莫斯科进行合作。在罗斯福生命的最后几个月，尽管他担心与苏联的误会逐渐增多，但他从未尝试与苏联进行竞争，纵然战争结束将使苏联在欧洲和亚洲大举扩张其影响。②而1945年4月罗斯福的突然离世，在很大程度上中断了美苏合作态势在战后的延续。

到二战即将结束之际，美苏维持合作的两个条件都已不复存在。1945年5月德国宣布无条件投降，日本也就是在苟延残喘拖延时日，昔日共同的敌人正在一个个“倒下”。1945年4月罗斯福病逝，其继任者杜鲁门，则是一个行事风格与罗斯福完全不同的人。由于杜鲁门是因为罗斯福的突然离世而作为副总统

---

① 【挪】安立文著，牛可等译：《全球冷战：美苏对第三世界的干涉与当代世界的形成》，第36页。

② 【美】约翰·刘易斯·加迪斯著，潘亚玲译：《长和平：冷战史考察》，上海：上海人民出版社，2011年，第27页。

接任总统一职，所以他是怀着高度的不安全感进入白宫的，对自己的总统权极端敏感猜忌，生怕别人挑战自己权威，决策风格雷厉风行。杜鲁门为了不使自己的政策被扣上“缓和”的帽子，下决心采取强硬路线。在进入白宫仅24个小时，杜鲁门就自信满满地告诉国务卿，“我们必须针锋相对地对付俄国人”，并且表示“我们过去对他们太宽容了”。[①]冷战的“种子”开始萌芽。

很快美苏之间就有了第一次交锋，是在罗马尼亚和波兰的问题上。苏联人把罗马尼亚视为苏联战后必须争取和控制的地区。在1944年，斯大林就通过承认英国对希腊的控制以换取英国对苏联控制罗马尼亚和保加利亚的承认。1945年2月的雅尔塔会议结束后，苏联就开始向罗马尼亚施压，要求罗马尼亚国王任命一个共产党人控制的政府。此举让一向崇尚自由、民主理念的美国产生强烈的不安和不满。罗马尼亚问题还未平息，更大的危机又出现在波兰问题上。在雅尔塔会议上，美、英、苏三国首脑曾就波兰问题达成一致，即波兰必须“在更广泛的民主基础上予以重组”。然而在雅尔塔会后，苏联却不允许亲西方的势力进入新组建的波兰政府。这一次杜鲁门决定采取强硬政策，他要求苏联同意建立一个“新”政府，苏联拒绝了杜鲁门的要求。苏联给出的理由是，波兰与苏联接壤，波兰之于苏联的

---

① “Private Calendar Notes, 4/13/45,” Box 224, Stettinius Papers; 另参见Arnold A. Offner, “Another Such Victory, President Truman, American Foreign Policy, and the Cold War, ” *Diplomatic History,* 23(Spring 1999):129-132, 转引自【美】沃尔特·拉费伯尔著，牛可等译：《美国、俄国和冷战（1945—2006）》，第14页。

战略意义重大。杜鲁门的强硬政策不仅没有让苏联立场有所缓和,反而让苏联更加坚定了控制波兰的决心,结果,斯大林用苏联的军队将波兰乃至东欧的整个区域封锁起来。

苏联在东欧的所做作为,尤其是封锁区域的做法,在美国看来,是对大西洋宪章原则的直接挑战,违背了美国对全球市场的追求,与美国战后发展战略不相符。美国的冷战世界观很大程度上来自于20世纪30年代经济大萧条所造成的冲击。美国人认为,只有全球市场和原材料在机会均等的基础上向所有民族充分开放,或者说对各国实行开放门户,才能避免另一次可怕的经济萧条发生。因此在二战后,美国精英表现出对开放的全球市场的强烈渴望。苏联封闭区域进而封闭市场,无疑是与美国的战略目标背道而驰。而1941年日本的进攻佐证了美国人的这样一种观点,即干涉主义和全球改革对美国的生存是至关重要的:如果美国想重新获得安全感,则"恶魔"就必须被消灭干净。[①]苏联人在东欧的做法,让美国人又一次感受到了威胁,美国对苏联的反感也在与日俱增。

实际上,美国人对苏维埃共产主义的反感由来已久。沙皇俄国的倒台曾受到很多美国人的欢迎,但很快,新兴苏维埃政权的威权集体主义以及"继续革命"和国际主义的论调,引起美国人更强的不安。苏维埃共产主义越来越被认为是美国的精神死敌,

---

① 【美】沃尔特·拉费伯尔著,牛可等译:《美国、俄国和冷战(1945—2006)》,第8页;【挪】安立文著,牛可等译:《全球冷战:美苏对第三世界的干涉与当代世界的形成》,第13页。

因为共产主义号称要代表一种比美国所提供的更为先进的现代性版本，这在美国人看来，不仅是一种实质性的错误，而且是对植根于他们意识形态之中的普世主义和目的构成公开挑战。[①]

1946年2月9日，斯大林在莫斯科选区的选民大会上发表演说，对资本主义采取严厉批判态度，明确指出现代资本主义是新的世界大战的根源，表示要再制定三个甚至更多的五年计划来促进国家的工业化，使苏联具有足以应付各种意外事件的保障。这无疑让美国感到苏联威胁的进一步增强。斯大林演说后不久，2月22日，美国驻苏联使馆代办乔治·凯南（George Frost Kennan）向华盛顿发回了一封长达8000字的长电报，全面论述苏联的理论、政策、行为动机和行为方式，以及美国应当采取的对策。这封长电报后来成为美国冷战时期"遏制政策"的雏形。

随着美苏加紧了对战后"权力真空地带"的争夺，双方之间的摩擦也越来越多。1946年，美苏在伊朗、土耳其问题上又现"摩擦"。美苏在伊朗的"摩擦"表面看是二战后的撤军问题，实际争夺的核心是石油资源，苏联为获得伊朗的石油租让权和确保其在伊朗北部的势力范围，拒绝在英美军队已经陆续撤出的情况下，按期从伊朗撤军。1946年1月，伊朗向联合国控诉苏联干涉伊朗事务，迫使美国不得不在联合国安理会与苏联对抗。而在土耳其的"摩擦"则是苏联对黑海海峡控制权的争夺。自1945年6月起至1946年9月，苏联多次向土耳其提出修改1936年签署的有关黑海

① 【挪】安立文著，牛可等译：《全球冷战：美苏对第三世界的干涉与当代世界的形成》，第11—12页。

海峡的《蒙特勒公约》,希望在黑海建立苏联的军事基地。苏联的要求造成苏、土关系紧张,同时也招致美英的强烈反对和干预。美国政府为此向苏联发出照会,表示如果苏联单方面对土耳其采取行动,联合国将对此做出反应。美国国务院还宣布,美国海军将在黑海海峡长期维持秩序。华盛顿对苏联产生前所未有的反感。1946年7月,杜鲁门对顾问说,他本人“对我们被摆布感到厌烦”,苏联人“从这里骗取我们一点,从那里骗取我们一点”,“现在是对苏联表明立场的时候了”。[①]“杜鲁门主义”正是在这样一个背景之下酝酿问世。

反观美国的对手——苏联,战后主导苏联对外政策的似乎只有两个字,即“安全”。正如1945年1月,美国驻苏联大使哈里曼告诉美国国务院,“苏联对外政策压倒一切的考虑是对莫斯科所理解的‘安全’的关注”。[②]苏联的战后战略目标就是重塑周边世界,为保障苏联的安全打造一个缓冲地带,所采取的主要措施,就是在重要的战略地区建立亲苏政府。与美国追求全球的开放市场不同,在当地建立亲苏政权,反映出苏联对土地政权切实掌控的渴望。这或许也是源于一种历史承袭。苏联的前身是沙皇俄国,俄国在历史上是一个领土扩张的国家,俄国的领土扩张始于16世纪,在19世纪彼得大帝时进入高潮。到了19世纪末,俄

① 《乔治·埃尔西对杜鲁门与克利福德和罗斯的谈话的记录》, July 12,1946, George M. Elsey Papers, Box 63 “Foreign Relations-Russia 1946-Report-Folder 1,” Harry S. Truman Library, 转引自【美】约翰·刘易斯·加迪斯著,潘亚玲译:《长和平:冷战史考察》,第33页。

② 【美】沃尔特·拉费伯尔著,牛可等译:《美国、俄国和冷战(1945—2006)》,第17页。

国已经获得了东起朝鲜边境西至挪威边境的庞大帝国版图，而重新恢复苏联在沙皇俄国时期的疆域和势力范围一直是斯大林追求的目标。

全球冷战态势业已形成，朝鲜作为美苏全球战略中的一个环节，尽管还不是核心地带，但也受到一定影响，在此期间美苏的对朝政策均经历过一番调整。不过对比双方的政策可以发现，美国的调整幅度较大，政策显得相对混乱且前后矛盾，苏联的政策则显得更为严酷而连贯。

美国的对朝政策在1946年底至1947年初发生变化，这与美国对苏联态度发生转变恰好同步。1946年6月，美国总统代表保莱（Paole）在巡视北朝鲜后，给杜鲁门写过一封信，信中说，朝鲜“是一个进行思想斗争的战场，而我们在亚洲的整个胜利就决定于这场战争。就在这个地方将测验出来，究竟民主竞争制度是不是适宜于用来代替失败了的封建主义，或者其他制度——共产主义，还更强一些”。[①]同年10月初，苏美联合委员会美国代表团成员万斯访问北朝鲜，他本是作为说客来为美苏联合委员会重启做工作的，不过他在与苏联政治顾问巴拉萨诺夫的谈话中，却明确表达了美国的强硬立场，那就是美国无论如何都不能接受在朝鲜出现一个亲苏政权。[②] 到1947年冷战爆

① 【美】杜鲁门：《杜鲁门回忆录：考验和希望的年代1946—1953》，第374页。

② 《巴拉萨诺夫致信外交部马立克、梅列茨科夫、什特科夫通报与抵达的苏美联合委员会美方代表万斯等人的会谈情况》，1946年10月6日前，ЦАМОРФ, ф.Устаск, оп.614631, д.30, л.63-68, 沈志华、王绍章整理：《俄国档案原文复印件汇编：苏联占领朝鲜》（第15卷）；*FRUS, 1946, Vol.8, The Far East*, p.744。

发后，美国人越来越倾向于将朝鲜问题看成一个关于名誉利益的问题，而非一个战略利益的问题。美国联合战略调查委员会在1947年4月明确表示：朝鲜“是唯一一个我们单独与意识形态敌人有过近两年意识形态直接交锋的国家”，“因此输掉这场战争将严重损害美国在全世界的声誉和安全”。[①]在冷战背景下，美国政府逐步放弃那种将朝鲜半岛作为与苏联协调关系的地区的初衷，转而采取一种遏制苏联在朝鲜半岛势力的立场。

苏联对朝政策的基本目标则始终如一，并没有因为冷战的爆发而出现太大变化，即在保持苏联对朝鲜半岛的局势有所控制和影响的前提下，尽可能减少与美国发生直接的冲突。当然，在每个时期，苏联的对朝政策会依据具体情况而呈现出具体内容上的不同。大体说来，直到1949年底以前，苏联对朝鲜半岛的政策可以分为三个阶段。第一阶段（1945—1946）：通过国际托管的方式，与美国合作，在朝鲜建立一个对苏联保持友好关系的统一的朝鲜政府；第二阶段（1946—1947）：加强朝鲜北方的政治经济力量，并在此基础上促进朝鲜民族的统一，从而保证通过全朝鲜普选建立的统一政府实行对苏友好的政策；第三阶段（1947—1949）：在美苏联合委员会工作中断而朝鲜南方实行单独选举后，支持和帮助朝鲜北方建立单独政府，满足于苏联对北部朝鲜的控制，并以此与美国对抗。[②]

---

① *FRUS, 1947, Vol.1, General, The United Nations*, Washington D.C.: U.S. Government Printing Office, 1973, p.744.

② 沈志华：《毛泽东、斯大林与朝鲜战争》，广州：广东人民出版社，2013年，第71页。

二、美苏联合委员会的重启和破裂

随着冷战的爆发，美苏在朝鲜问题上展开合作的可能性更加微乎其微，不过在当时尚处于美苏利益边缘地带的朝鲜半岛，美苏双方并没有立即去打破战后雅尔塔体系在此地区所形成的一种相互协调机制。尤其是美国，由于并不想在朝鲜承担过多的责任，所以不到万不得已美国不会首先撕破脸，为了掩饰其对苏联所采取的"强硬"政策和遏制战略，美国政府主动提出以国务卿马歇尔的名义重新启动美苏联合委员会活动。

1947年4月8日，美国国务卿马歇尔致函苏联外交部长莫洛托夫，建议美苏两国政府指示各自驻朝鲜军司令，"以尊重意见自由的民主权利为基础，依据莫斯科协定的规定"，尽快重新召开联合委员会。[①]莫洛托夫在4月19日予以回复。他在信中首先为苏联代表在临时政府究竟应与哪些党派和组织协商问题上所采取的立场进行辩护，同时赞扬了苏占区的"广泛的民主改革"，进而阐明了苏联政府关于朝鲜政策的三个要点，即建立有朝鲜民主政党与社会组织广泛参与的朝鲜临时政府，加速朝鲜的统一和独立；以平等普遍选举为基础，建立朝鲜全国各地民主的政府机构；协助朝鲜人民复兴朝鲜，使其恢复独立民主并发展国民经济和文化。莫洛托夫主张联合委员会应在"严格遵守莫斯科关于朝鲜问题的协定"的基础上举

---

① 《马歇尔为建议苏美联合委员会恢复工作事致苏联外长莫洛托夫函》，1947年4月8日，《朝鲜问题文件汇编》，第22页。

行，并建议于5月20日在汉城恢复工作。[①]

由于美苏联合委员会第一次会议因为在临时政府协商对象资格问题上难以达成一致而休会，因此在联合委员会复会前夕，马歇尔在5月2日的信函中，特别就参与协商的朝鲜民主政党和社会组织的资格问题向苏联方面再做确认，莫洛托夫同意在接受霍奇1946年12月24日的信中所提出的建议和修正意见的基础上重新召开联合委员会会议。[②]

经过马歇尔与莫洛托夫间的书信交涉，美苏一致决定于1947年5月20日在汉城重开美苏联合委员会，由于苏联代表团晚到了一天，美苏联合委员会比原定计划推迟了一天，于5月21日复会。苏方的首席代表仍为什特科夫将军，美方的首席代表则换成了接替阿诺德将军的布朗（Brown）将军。

复会后的两个星期，美苏双方就联合委员会与南北朝鲜政党及社会组织磋商的程序和时间表等问题达成协议，于6月11日发表《美苏联合委员会声明（第十一号）》。声明登载了参与磋商的政党和社会组织所应遵循的协商程序，要求参与协商必须签署宣言并提交申请书，联合委员会在收到申请书后编制政

① 《苏联外长莫洛托夫关于苏美联合委员会恢复工作事致马歇尔函》，1947年4月19日，《朝鲜问题文件汇编》，第17—20页。

② 《马歇尔关于与朝鲜民主政党及社会组织谘商问题致苏联外长莫洛托夫函》，1947年5月2日；《苏联外长莫洛托夫关于与朝鲜民主政党及社会组织谘商问题致马歇尔函》，1947年5月7日，《朝鲜问题文件汇编》，第23—26页。

党、社会组织及其代表名单等。[①]

联合委员会在此后两周的时间内取得了很大的进展，共收到北朝鲜的38个团体和南朝鲜的425个团体要求参加磋商的申请。然而当联合委员会开始讨论有资格参加磋商的民主政党和社会组织的名单时，美苏双方再次产生了严重的意见分歧。苏联代表团称签署第五号公报之前的反托管运动可以不追究，但目前仍是反托管委员会[②]成员的团体必须被排除在外，除非公开宣布退出该组织才能进入协商对象名单。美国代表团则坚持认为相关的反托管示威并不是希望参与协商的团体所为，而是李承晚、金九等人的追随力量主导，主张在没有有力证据之前不能把任何团体排除在外。美国还主张对于那些积极反对莫斯科协定的政党或团体，美苏间达成一致将其从协商对象中删除。[③]

在共计463个申请团体中，苏联代表团坚持将不符合莫斯科协定定义的社会团体、郡及郡以下的纯粹的地方性团体、反对莫斯科协定而成立的政党或团体排除在外。[④]与此相对，美国代表团则声称莫斯科协定中并没有有关社会团体的定义，不能接受将中央没有本部的团体排除在外的主张，但会员未满一千名的团体可以被排除，所有参加申请的政党和团体都有资格成

---

① 《苏美联合委员会声明（第十一号）》，1947年6月11日，《朝鲜问题文件汇编》，第33—37页。

② 反托管委员会由金九等人于1947年1月21日成立，以“坚决反托、自主独立”为旗帜，以排斥托管为目标。

③ *FRUS, 1947, Vol.6, The Far East,* pp.693-694.

④ *FRUS, 1947, Vol.6, The Far East,* p.698.

为协商对象。[1] 联合委员会将7月整整一个月的时间全都用在了这个问题的讨论上。

8月2日，什特科夫开始发表一系列声明，把联合委员会未能就成立临时政府和促进朝鲜独立的问题达成协议的责任归咎于美国。布朗将军随即发表声明予以反驳，他指出，苏联人的责备不公正，苏联采取策略阻拦那些反对在朝鲜实行托管的朝鲜人参加与委员会的磋商，其真实意图是在于增加左翼党派和团体在代表方面的比重。因为北部人口只占朝鲜总人口的约三分之一，只有限制南部的代表人数，才有可能使对共产党友好或者由共产党控制的团体的代表达到百分之五十。[2]

在此期间，在南朝鲜爆发了左翼政党为要求贯彻莫斯科协定而组织的集会和运动，左翼领导人被逮捕，政党和组织被取缔，左翼报馆遭到捣毁。苏联对此进行强烈谴责，认为出现这种情况是为了要破坏本已举步维艰的联合委员会的工作。美国则坚决否认其在美国占领区有压迫或迫害左翼政党的行为，美国认为苏联所谓的“逮捕”，是为了制止企图破坏南朝鲜既存政府、法律和秩序的活动所采取的必要行为，因为美国负有在不干

---

① *FRUS, 1947, Vol.6, The Far East,* p.699.

② F·C·琼斯、休·博顿、R·B·皮尔恩著，复旦大学外文系英语教研组译：《国际事务概览(1939—1946年)·1942—1946年的远东》(下册)，第699页。

涉民主权利之下维持南朝鲜法律与秩序的责任。[1]

到8月中旬,会谈陷入僵局,美国方面认为朝鲜问题已无法在联合委员会内得到解决,必须上升到美苏两国政府一级的讨论。8月12日,马歇尔写信给莫洛托夫,指出由于两国代表在与哪些朝鲜政党及社会组织广泛进行协商问题上无法达成协议,导致朝鲜问题的解决一再延误,尽管莫洛托夫早些时候已接受了一种本可使这种磋商成为可能的方式。为了避免迁延时日,美国政府希望在1947年8月21日前提出关于该问题的讨论报告,以便两国政府能及时考虑为实现莫斯科协定而采取何种措施。关于可协商政党与社会组织的条件,美国方面认为其成员人数应在1000人以上或苏联政府提出的合理数目的成员者。直到8月23日,莫洛托夫才予以回复,除继续重申苏联方面的立场,即那些曾经参加"反托管委员会"的政党和组织必须正式否认该委员会并声明退出方可成为协商对象之外,苏联方面明确表示,只有拥有10000名成员以上的政党和组织联合委员会才能与之协商。[2] 看来,苏联在协商对象必须声明退出"反托管委员会"问题上不打算做任何让步。

---

① 《苏美联合委员会苏联代表团首席代表什特科夫为美国在南朝鲜大肆迫害民主政党与社会组织事发表声明》,1947年8月20日,《朝鲜问题文件汇编》,第38—40页;《洛维特为提出建立朝鲜政府七点建议并主张四国会谈事致苏联外长莫洛托夫函》,1947年8月26日,《朝鲜问题文件汇编》,第48页。

② 《马歇尔关于与朝鲜民主政党及社会组织谘商问题致苏联外长莫洛托夫函》,1947年8月12日,《朝鲜问题文件选编》,第41—42页;《苏联外长莫洛托夫为重申谘商条件和抗议南朝鲜迫害民主政党与社会组织事致马歇尔函》,1947年8月23日,《朝鲜问题文件选编》,第41—42页。

美苏联合委员会的协商似乎走进了死胡同。为了打破僵局，美国方面于8月26日又提出召开由美、苏、中、英四国参与的会议，以商讨贯彻莫斯科协定的方法，并附上美国关于朝鲜问题的建议大纲。建议内容包括：在美苏占领区分别举行选举，选出临时立法议会；临时立法议会根据两区的人口比例选出代表组成全国临时立法会议，立法会议在汉城召开会议组建朝鲜临时政府；依照上述方式建立的朝鲜临时政府与美、苏、中、英四国代表开会，商讨发展朝鲜的政治经济；上述各阶段实施过程中，均邀请联合国派遣观察员列席；朝鲜临时政府与有关国家商讨占领军撤退时间等等。[①]苏联全面否定了美国的提议，认为美国提出的将朝鲜问题提交四国政府的建议是不适当的，因为联合委员会在解决朝鲜问题上并未竭尽所能，而双方达成一致仍是存在可能的。至于美国的建议大纲，苏联更是不能接受，因为按照人口比例选举代表组成全国临时立法会议显然对苏联所占的北朝鲜不利，南朝鲜的人口是北朝鲜的两倍，照此方法，北朝鲜代表在临时立法会议中所占席位必将少于南朝鲜，那么在此基础上组建的朝鲜临时政府也必然是“亲美”而不是“亲苏”。

在苏联否决了美国提出的将朝鲜问题交由四国会议处理的

---

① 《洛维特为提出建立朝鲜政府七点建议并主张四国会谈事致苏联莫洛托夫函》，1947年8月26日，《朝鲜问题文件汇编》，第49页；《苏联外长莫洛托夫为阐明苏联对四国会谈的态度反对北、南朝鲜分设临时立法会议并建议设立全朝鲜协商机构事致马歇尔函》，1947年9月4日，《朝鲜问题文件汇编》，第45—46页；*FRUS, 1947, Vol.6, The Far East,* pp.773, 779-781.

提案后，美国称只有将朝鲜问题提交联合国，并于1947年9月16日通报了苏联。[①]9月17日美国向联合国秘书长提交了一份题为《朝鲜独立问题》的书面申请，正式将朝鲜问题提交联合国。一个月后，美国首席代表布朗将军在10月18日的美苏联合委员会会议上宣布，奉美国政府指令，提议终止联合委员会的工作。美苏联合委员会以破裂告终。

美苏联合委员会破裂的命运其实在复会前就已注定。在联合委员会复会前的1947年2月，美国一个特别委员会在提交政府的一份机密备忘录中强调指出：为了遏制苏联，美国决不能退出朝鲜半岛，否则南朝鲜肯定会被"苏联控制"；备忘录认为"随着美国威望与实力的消失和苏联影响及实力的相应增长，将不仅对美国在远东的利益而且对美国在全球的地位都会产生不利的反响"。[②]所以，华盛顿答应了当时正在美国游说策划"南朝鲜单独政府"一事的李承晚：只要这个单独政府是由右翼人士组成，美国愿意向他提供6亿美元的贷款。[③]这样看来，4月国务卿马歇尔关于复会的建议很有可能只是美国的一种姿态和释放的烟雾。

美苏联合委员会复会期间，美苏代表团在磋商对象资格问题上的严重分歧，实则反映了双方的利益分歧。美苏之所以对

---

① *FRUS, 1947, Vol.6, The Far East,* p.790.

② Akira Iriye, *The Cold War in Asia,* Pentice-Hall New Jersey, 1974, pp.152-153, 转引自曹中屏、张琏瑰等编著：《当代韩国史（1945—2000）》，第65页。

③ 《战后世界历史长编》第一编第四分册，上海：上海人民出版社，1978年，第214页。

参与组成临时政府的朝鲜政党和组织各持己见、不肯让步，是因为双方都明白无论是占领还是托管都是暂时的，朝鲜最终仍要交给朝鲜人管理，要想保住各自对朝鲜半岛的控制和影响，就必须培植自己的政治势力和寻找合适的代理人。在此进程中，美国加紧采取措施加强其在南朝鲜占领区内的影响力。在美苏联合委员会陷入僵局的1947年8月，美国政府加速推进南朝鲜的经济复兴计划，并计划于1948年初向国会提出一项年度经费达四亿美元的复兴草案即是证据之一。[①]冷战背景之下，美苏在朝鲜半岛的博弈也逐渐激化，尤其是美国的立场转变得更为明显，由最初的与苏联协调转为遏制苏联，美国已经将与苏联在朝鲜的对决视为直接关系其在全球声誉及威信之战。苏联则针锋相对，在既定目标不变的前提下，进一步强化了自身立场。最终，美苏联合委员会以破裂告终，建立统一的朝鲜临时政府的构想彻底失败，托管政策“流产”，美苏和谈解决朝鲜问题的大门也就此关闭。

三、朝鲜半岛的分裂

美国把“朝鲜独立问题”提交联合国，引起苏联强烈不满。9月23日，苏联驻联合国代表团团长维辛斯基（A. Ia. Vyshinskii）在第二届联大全体大会上表示，依据联合国宪章，

---

① 《中央日报》，1947年8月23日，刘金质等编：《中朝中韩关系文件资料汇编（1919—1949）》（下卷），北京：中国社会科学出版社，2000年，第1312页。

朝鲜问题涉及维持国际和平与安全，需向“有关国家或安全理事会或兼向安全理事会与有关国家，提出对于该问题的建议”，特别是在已有国际协定存在的前提下，“不能由大会审议”。[①] 不过，美国利用其对联合国的影响力，在9月23日的全体会议上仍然把朝鲜问题列入了联大议程。

9月朝鲜问题被列入联合国大会议程，10月美苏联合委员会宣告彻底破裂，这意味着不管苏联愿意与否，朝鲜问题的解决将在联合国框架内进行。或许是对在联合国框架内解决朝鲜问题的可能性还抱有些许希望，苏联外长莫洛托夫受斯大林指示，于10月23日向维辛斯基发去如下电报：

> 一、由于朝鲜问题已列入全体大会议程，我们认为再次发言提议从议程中取消是不合适的。二、在政治委员会讨论美国的朝鲜议案时，您应当从一开始就声明，委员会应遵循下述原则：（一）苏联政府曾主张并仍主张，朝鲜问题可以根据1945年莫斯科协议解决。（二）但是，美国政府出于某种动机不愿以此为根据达成协议，为了加速使朝鲜成为一个独立民主的国家，苏联政府提出一项提案：美苏军队于1948年初同时撤出朝鲜，使朝鲜人有可能自己去建立朝鲜民族政府。（三）苏联代表团再次请政治委员会讨论这一提案：美苏军队于1948年初同时撤出朝鲜，使朝鲜人有可

① 《苏联代表团团长维辛斯基在二届联大全体会议上反对将朝鲜问题列入大会议程的演讲》，1947年9月23日，《朝鲜问题文件汇编》，第59—60页。

> 能自己去建立朝鲜民族的政府。由于上述苏联的提案包含更简单和更彻底的解决办法,苏联代表团坚持要求政治委员会在讨论美国议案之前首先讨论苏联这一提案。在任何情况下您都应坚持苏联提议更为合理,应先于美国议案付诸表决。三、在政治委员会研究朝鲜问题时,您应建议邀请北、南朝鲜双方的朝鲜人民代表参加讨论朝鲜问题。您应在适当的时机说明：邀请那些在北、南朝鲜中由人民正式选出的人,而不是那些由外国军事当局任命的人,作为朝鲜人民的代表参加会议。四、一旦政治委员会转入讨论美国议案时,必须坚持邀请朝鲜人参加和坚持要求确定外国军队撤出朝鲜的期限。如果我们提议的期限(1948年初)遭到反对,可以同意改为1948年年中或年末。[①]

根据这一指示,时任苏联外交部副部长、苏联驻联合国安理会常任代表的葛罗米柯(A. A. Gromyko)在10月28日的二届联大政委会上,声明苏联继续保持其原则立场的同时,即坚持认为“朝鲜问题是处理战后的全盘问题的一部分,必须由有关国家解决”、“朝鲜问题不属于大会或整个联合国的职权之内”,美国代表团将朝鲜问题提交联合国大会是“无理的和非法的步骤”;不过鉴于朝鲜问题已列入大会议程,并且第一委员会正进

---

① 《莫洛托夫关于联合国讨论朝鲜问题致维辛斯基电呈斯大林的请示》,1947年10月23日,АПРФ, ф.45, оп.1, д.346, лл.7-9,沈志华：《朝鲜战争：俄国档案馆的解密文件》(上册),第92—93页。

行对它的讨论，苏联代表团准备阐明苏联政府对此的态度并提出苏联方面的提案。随后苏联代表团在第二届联大政委会上提出两个提案：一个是关于邀请南北朝鲜代表参加讨论朝鲜问题，一个是关于美苏两国军队同时从朝鲜撤军。不过，这两个提案分别于10月30日和11月5日被联大政委会否决。①

与之相对的，是美国向联大提交有关朝鲜独立问题建议案的顺利通过。在政治委员会讨论的基础上，美国代表团拟订了有关朝鲜独立问题的最后修正案，并在11月14日联大会议上以43:0获正式通过，这便是二届联大关于朝鲜问题的决议案。决议案由两部分组成，第一部分为美国代表团对苏联提案的修正案，第二部分为美国提出的提案。第一部分的内容包括：邀请朝鲜人民代表参与朝鲜问题讨论，为保证选出朝鲜代表的真实性，设立一联合国朝鲜临时委员会驻在朝鲜，临时委员会有权在朝鲜各地巡行等。第二部分内容包括：联合国朝鲜临时委员会由澳大利亚、加拿大、中国、萨尔瓦多、法国、印度、菲律宾、叙利亚、乌克兰九国组成；在联合国朝鲜临时委员会的监督下，选出朝鲜人民代表，人民代表组成国民会议，国民会议开会再组建朝鲜的全国政府；朝鲜人可就建立政府及政府建立后的有关事宜同联合国朝鲜临时委员会协商；以此种方式建立的全国政府应该组织自己的国

① 《苏联代表葛罗米柯在二届联大政委会上说明苏联关于朝鲜问题的提案的演说》，1947年10月28日，《朝鲜问题文件汇编》，第61—65页；《苏联代表团在二届联大政委会提出邀请北、南朝鲜代表参加讨论朝鲜问题的提案》，1947年10月28日，《朝鲜问题文件汇编》，第66页；《苏联代表团在二届联大政委会提出关于从朝鲜撤退美苏军队的提案》，1947年10月29日，《朝鲜问题文件汇编》，第67页。

家安全部队并解散所有不包括在国家安全部队内的军事、半军事组织；应迅速承担起全朝鲜范围从军事到民政的全部职责；与占领国商讨90天或其他任何恰当时间内的撤军问题。联合国朝鲜临时委员会应随时向联大或联大临时委员会（也称“小型联大”）报告朝鲜问题的解决状况。[①]将这一由美国主导的决议案与苏联的提案加以比对后，可以发现，美苏之间主要存在两点不同：一苏联提议邀请北、南朝鲜选出的人民代表参与朝鲜问题讨论，决议案中尽管保留了邀请朝鲜人民代表参与讨论的内容，但代表必须是在联合国朝鲜临时委员会监督下选出，也就是说代表人选须获得联合国方面首肯；二苏联提出美苏先撤军，而后朝鲜在不受外力干涉的情况下自行组建自己的全国政府，而决议案则是主张朝鲜在联合国朝鲜临时委员会的监督和帮助下，先建立全国政府，而后美苏再撤军，先后顺序完全颠倒。由此可知，美国试图将朝鲜问题的解决限定在联合国的管辖范围内，利用其对联合国的影响力，将朝鲜问题向有利于美国的方向引导，并且已经获得了初步的成功。

11月14日的决议案在联合国获得通过后，便成为解决朝鲜问题的依据。1948年1月6日，以印度代表梅农（Menon）为首的联合国朝鲜临时委员会抵达汉城。1月23日，临时委员会邀请南北方的领导人举行会谈，北方的领导人和南方左翼势力的领导人均没有参加。临时委员会因此只实现了与李承晚、金

---

① 《二届联大关于朝鲜问题的非法决议》，1947年11月14日，《朝鲜问题文件汇编》，第76—77页；*FRUS, 1947, Vol.6, The Far East*, pp.857-860。

九、金奎植、金性洙的会谈。李承晚和金性洙主张，如果苏联反对，就在南朝鲜单独举行选举，不过这一主张在朝鲜民众中的支持度很低。在26日的会见中，金九和金奎植向梅农递交各民主政党协议会反对联大决议的“决议书”，主张美苏同时撤军，举行南北政治领导人协商，然后举行大选，认为联大决议首先没有明确朝鲜民族行使自主权的规定，其次，没有苏联的同意必将招致国家的分裂，再次，联合国朝鲜临时委员会监视下的选举是对朝鲜内政的干涉。①面对联合国朝鲜临时委员会进驻汉城的事态，南朝鲜右翼势力中的爱国分子觉悟起来，认识到联合国此举必将招致国家分裂，转而支持苏联的提案。2月10日，金九发表《告三千万同胞书》，公开举起反对美国反对联合国决议案的大旗。2月16日，金九和金奎植联名致函北朝鲜劳动党领导人金日成和金枓奉（Kim Doo Bong），建议举行“南北政治领导人间的政治协商”。

鉴于朝鲜人民普遍反对联大决议和北朝鲜人民委员会拒绝联合国朝鲜临时委员会入境的状况，联合国秘书长赖伊（Rei）决定召开联合国大会临时委员会②会议讨论。美国2月24日提出了决议草案，提议在临时委员会“能进入的尽可能大的朝鲜地

---

① 高峻石著：《朴宪永と朝鲜革命》，东京：社会评论社，1991年，第138页，转引自曹中屏、张琏瑰等编著：《当代韩国史（1945—2000）》，第66页。

② “联合国大会临时委员会”亦称“小型联大”，系根据美国在二届联大的动议，于1947年11月13日经大会通过而设立的，临时委员会由联合国全体会员国各派一名代表组成，作为大会闭幕期间行使联合国大会职权的辅助机构。苏联代表反对建立临时委员会，认为美国的这个议案是企图削弱安理会的权力，破坏联合国宪章关于五大国一致的原则。

区”进行选举。临时委员会中的澳大利亚和加拿大两国代表表示强烈反对，认为第二届联大仅授权临时委员会在全朝鲜境内进行普选，并未授权它在南朝鲜进行选举，“小型联大”不应任意更改联大决议。在苏联与东欧各国拒绝出席会议，阿富汗、哥伦比亚等11国代表弃权，澳大利亚和加拿大反对，联合国朝鲜临时委员会仍以31票赞成，于26日通过了美国提出的在南朝鲜进行单独选举的决议案。[①]苏联将这一决议视为美国在朝鲜问题上利用联合国来掩盖自己在朝鲜的扩张主义政策。苏联认为联合国大会临时委员会是联合国大会的咨询机构，只能向联合国大会提供建议，而无权对联合国其他机构或其他政府提出建议，联合国大会临时委员会讨论朝鲜问题超越了自身权限。[②]

2月26日决议公布后不久，除以李承晚为首的南朝鲜极右势力外，南北朝鲜的政治势力均反应强烈。3月12日，金九、金奎植、赵素昂、金昌淑（Kim Chang Suk）、赵琬九（Cho Man Ko）、洪命熹（Hong Myong Hui）、曹成焕（Cho Seong Hwan）等七人在汉城发表联合声明，反对在南朝鲜进行单独选举，指出：“把美苏两国出于军事必要临时划定的所谓三八线固定为国境线，使之形成两国政府或者两个国家，是要使我们南北的兄弟姊妹开始前哨战，相互以刀枪相见，这是明若观火的道理，将

① 《葛罗米柯关于联合国讨论朝鲜问题致莫洛托夫电》，1948年3月3日，沈志华：《朝鲜战争：俄国档案馆的解密文件》（上册），第103页；《联大临时委员会关于在南朝鲜进行选举的非法决议》，1948年2月26日，《朝鲜问题文件汇编》，第83—84页。

② 《葛罗米柯关于联合国讨论朝鲜问题致莫洛托夫电》，1948年3月3日，沈志华：《朝鲜战争：俄国档案馆的解密文件》（上册），第105页。

是我们民族最悲惨的情景。”[①]与此同时，苏联占领区的北朝鲜也在进行着规模空前的集会以反对单独选举决议。3月25日，南朝鲜左翼的民族民主统一战线中央委员会发表《反对南朝鲜成立单独政府的告南朝鲜政党社会团体书》，提议于4月14日在平壤举行所有为反对南朝鲜单独选举而斗争的民主政党、社会团体的代表联席会议，这个提议得到除韩民党以外所有南朝鲜政党的相应。1948年4月，南北朝鲜民主政党与社会组织联席会议在平壤牡丹峰剧场举行，4月30日联席会议发表联合声明，要求采纳苏联提议，美苏立即从朝鲜撤军，朝鲜在不受外力干涉下解决独立问题，在外国军队撤出后，召开全朝鲜政治会议，成立代表朝鲜各阶级的临时民主政府。[②]此时，敦促美苏两国从朝鲜撤军成为朝鲜国内政治势力关注的焦点，不过对于撤军问题，美苏两国有着各自的考虑。

撤军问题最早由苏联方面提出。1947年美苏联合委员会第二次会议复会后再度陷入僵局之时，苏联在9月26日的美苏联合委员会会议上，曾建议美苏两国于1948年初同时撤离朝鲜，以便“给予朝鲜人民以自己组织政府的机会”。[③]10月9日，苏联外长莫洛托夫致函马歇尔，重申苏联政府关于苏美两国军

---

① 曹中屏、张琏瑰等编著：《当代韩国史（1945—2000）》，第68页。

② 《北、南朝鲜民主政党与社会组织联席会议的联合声明》，1948年4月30日，《朝鲜问题文件汇编》，第81—82页。

③ 《苏美联合委员会苏联代表团首席代表什特科夫关于莫斯科会议讨论托管朝鲜经过并建议苏美两国同时撤军的声明》，1947年9月26日，《朝鲜问题文件汇编》，第53页。

队同时从朝鲜撤离的建议。[①]朝鲜问题被列入联合国大会议程后，苏联提交了关于美苏撤军的提案，但遭到联大会议的否决。苏联之所以率先提出撤军问题，是因为苏联有信心，在美苏军队同时撤出朝鲜后，在没有外力干涉的情况下，北朝鲜人民委员会能够在组建朝鲜临时政府的过程中占据优势，从而在朝鲜半岛出现一个亲苏政府。

美国方面对于撤军问题也有所考量。实际自1946年起，杜鲁门政府就在考虑顺应美国国内民意，进行有计划的裁军。

1947年年初，美国的国务院和国防部审议了如何将有限的兵力部署在更重要的战略位置上。对于美国而言，欧洲的战略地位显然要重于亚洲。二次大战结束后，苏联已经控制了东欧，种种迹象显示，共产党主义势力在欧洲蔓延，比如法国共产党力量的扩大。而当时美国在欧洲的兵力有限，难以与苏联相抗衡。1947年9月，美国参谋长联席会议主席艾森豪威尔（Dwight D. Eisenhower）向国防部长福莱斯特（James Forrestal）递交了一份备忘录，备忘录的结论是："鉴于目前军事人员的严重短缺，目前驻扎在朝鲜半岛南部的两个师……可以用在其他地方。"[②]国家安全委员会和杜鲁门表示赞同。因为福莱斯特给出的撤军理由很充分：一旦远东发生战事，美国目前驻朝鲜的军队将成为一个军事负担，而

---

① 《苏联外长莫洛托夫为主张由朝鲜朝鲜人民自行组建政府并重申苏联政府关于撤军建议事致马歇尔函》，1947年10月9日，《朝鲜问题文件汇编》，第54—55页。

② *FRUS, 1947, Vol.6, The Far East,* p.818.

且如果在战争爆发之前得不到大量的增援，将难以维持。况且，美国或对亚洲大陆发起任何进攻行动，大都要绕开朝鲜半岛。福莱斯特承认，敌人在朝鲜的海空军基地可以干预美国在该地区的行动，不过这些基地“容易遭到空中打击而瘫痪”，他声称空中行动“比起大规模的地面行动更加可行，而且代价也小”，驻扎在朝鲜的4.5万名美军“完全可以投入到其他地区使用”，而且撤出这些部队“不会削弱远东部队的军事实力”。根据国防部的分阶段撤军计划，4万多名美国占领军将于1950年6月前撤离完毕。[①]不过美国实施撤军计划有一个重要前提，即朝鲜已建立全国政府，美军方能撤离。所以在南朝鲜未完成单独选举前，美国始终对撤军问题不进行正面回应。

联合国大会临时委员会通过关于在南朝鲜进行单独选举的决议后，美国驻南朝鲜军政府立即宣布于1948年5月9日举行选举，选举产生出第一届国会，李承晚任临时议长。7月20日，李承晚当选为大韩民国总统，8月15日，大韩民国政府在南部正式宣告成立。与此同时，朝鲜北方也在积极筹划单独选举。9月9日，朝鲜民主主义人民共和国在北部成立，金日成当选为政府内阁首相。至此，朝鲜出现了南北两个政府。

在朝鲜南北各自成立政府后，外国军队在朝鲜驻留的法理依据已不复存在，苏美因此加快了各自的撤军步伐。朝鲜民主

---

① 约瑟夫·古尔登著，于滨等译：《朝鲜战争：未曾透露的真相》，第22—23页。

主义人民共和国成立后的第二天，即9月10日，朝鲜最高人民会议向美苏两国政府提出了从朝鲜撤兵的要求，9月18日苏联政府做出答复，同意撤军，并承诺于1948年12月底前完成从北朝鲜的撤退。[①]苏联政府认为，苏联在北朝鲜撤兵的决定赢得了北朝鲜民主社会及其领导班子深厚的信任，感动了朝鲜人民群众并引起了深刻的反响，是苏联对外政策一贯作风的典型。[②]关于苏联主动先行撤出朝鲜的动机，有学者分析认为，当美国与苏联在欧洲处于尖锐对立的1948年，斯大林不太可能把朝鲜问题摆在第一位。由于在外交政策中执行欧洲第一的方针，同时苏联人也必须首先解决战争给本国在人力和物质上造成的极大损失，从而不得不把东北亚置于次要地位。斯大林从来没有、也不打算要在朝鲜半岛或朝鲜北方建立像东欧那样的卫星国。[③]换言之，苏联的撤军也是在完成其对朝战略目标后所做的适时调整。并且，苏联的先期撤离，在舆论上也能够对美国造成一定的压力。

大韩民国成立后，美国也开始着手撤军，美军原计划仅留驻一个由61名官兵组成的军事使团，然而苏联急不可待地表态撤军、并承诺在1948年底前把所有的苏联部队撤出北朝鲜的决定让美国满腹狐疑。联想到1946年苏联军队在中国东北的突然

---

① 《苏联最高苏维埃主席团关于撤退苏联驻朝鲜军队致朝鲜最高人民会议的复文》，1948年9月18日，《朝鲜问题文件汇编》，第94页。

② 《驻朝鲜苏联民政局三年总结报告》，1948年11月，АВПР, Ф. 0480, оп. 4, п. 14, д. 46。

③ 沈志华：《毛泽东、斯大林与朝鲜战争》，第92页。

撤离，留下权利真空的东北便利了中国共产党对东北的占领，美国人担心苏联人此举是为了便利金日成的下一步南侵。因此，美国参谋长联席会议于1948年12月决定暂时留驻一个约7500名美军的战斗队，同时也明确指出，美军不会无限期驻扎在南朝鲜，时间仅限于帮助这个羽翼未丰的国家度过其独立后的最初几个月。①不过，随着美国全球战略的调整，美军最终分别于1949年5月和6月从中国和南朝鲜全部撤出，有学者认为，此举标志着美国在亚洲基本上完成了以收缩力量和防线为特征的战略调整。②

随着苏美军队相继从朝鲜全部撤出，朝鲜半岛的南北存留下两个独立政权，一个亲美，一个亲苏，朝鲜半岛分裂局面形成。美苏冷战的大背景，交织着民族统一的强烈诉求，朝鲜半岛的上空布满了战争的"阴云"。

---

① 【美】约瑟夫·古尔登著，于滨等译：《朝鲜战争：未曾透露的真相》，第24页。

② 牛军：《战后美国对朝鲜政策的起源》，第64页。

结　语

三八线的出现是战后美苏在朝鲜半岛实施托管政策失败的结果。

对朝托管政策能否实现，主要取决于两个因素：第一，美苏双方是否遵守战时达成的谅解，继续协调双方对朝鲜的政策；第二，朝鲜各阶层、各派政治力量是否接受大国为他们的命运做出的安排。[①]

罗斯福提出战后托管朝鲜，是出于既不想朝鲜出现被一国控制的局面又不愿在朝鲜承担过多责任的目的，所以邀请苏联、中国、英国参与国际托管，这是一种“开放式”的构想，也是基于美国的一种自信。美国相信，凭借其先进的政治理念和制度的感召，必将在战后的国际秩序中获得众多的拥趸者，朝鲜也

---

① 牛军：《战后美国对朝鲜政策的起源》，第56页。

不例外。因此，在对朝鲜的托管中即便有其他大国的加入，美国依托其强大的政治和经济实力，依然可以在朝鲜事务上占据绝对的优势。然而，这种自信随着美军进驻南朝鲜时日的增加而逐渐瓦解。在南朝鲜，美军所面对的，是持续不断的反托管示威暴动、对美军占领诸多指责的民众以及因托管问题而急剧分化的南朝鲜政治力量。面对南朝鲜混乱的时局，身处一线的美军指挥官员和行政人员，包括驻朝美军司令霍奇、美国国务院驻汉城代理政治顾问兰登等人，均主张放弃托管，这让美国决策层对托管政策产生了质疑。不过在占领朝鲜的最初的时日里，罗斯福的继任者——杜鲁门当时面对的是对于美国而言更为核心、也是更为棘手的欧洲事务，在亚洲的朝鲜问题上并无意打破雅尔塔体系所形成的合作机制，加之苏联在对朝托管政策上的积极合作，让美国暂时打消了立即放弃托管的念头，托管制仍然被作为使占领合法化以及牵制苏联的权宜之策保留。然而，可能是出于骨子里对托管政策的不赞成，又或者是出于支持反苏亲美立场的利益考量，杜鲁门政府虽然接受了落实托管政策的莫斯科协定，但受霍奇主张的影响，却在南朝鲜选择了一股持强烈反托管立场的右翼势力作为政治合作对象，这使得美国的对朝政策陷入自相矛盾的境地。更糟糕的是，由于南朝鲜境内政治势力对立分化严重，局势不断恶化，美式的民主自由观不仅未能俘获朝鲜民众的认可和支持，反而成为加速政局混乱的催化剂，美国人出于言论自由的不管制，让南朝鲜左右翼大小政党间的对立争斗倾轧更加严重。

反观苏联,作为托管政策的接受者、合作者,苏联从一开始就目标明确,即通过托管制参与战后朝鲜事务,最终在朝鲜建立起一个与苏联友好的政府,使得朝鲜成为苏联在远东的一个“安全据点”,这一目标贯穿始终。苏军进驻北朝鲜后,组建了人民委员会作为管理机构,并成立苏联民政局作为顾问机构,指导北朝鲜实行土地改革、发展经济、恢复社会秩序。和一盘散沙的南朝鲜局势相比,北朝鲜从政治到经济到社会均得到了有效整合。苏联人力图给朝鲜人留下这样一个印象:朝鲜独立统一的未来只有依靠苏联。正如苏联驻朝鲜民政局撰写的三年总结报告中所说:苏联军队在北朝鲜驻屯了三年之后,给北朝鲜人民与南朝鲜的劳动者深深地种下了这样一种思想:要想建立完全统一的国家、实现朝鲜民族的独立,只能立足于朝鲜与苏联人民之间的善邻关系,只有将两国间的政治、经济、文化关系更加紧密地联系在一起才能够解决这一课题。[①]苏联占领北朝鲜期间,为展现共产主义优越性树立起了一面橱窗,这让自认具备制度优越性的美国感到深深的不安。

苏联占领区的高效有序,进一步反衬出美国占领区的混乱无序。美国与苏联在朝鲜半岛的对决中,不仅没有占据任何优势,反而暴露出自身政策的短板与不足。这让美国意识到,苏联是个不容小觑的对手。加之,在全球范围内,美苏在欧洲、中东事务上的摩擦冲突不断,进一步加深了美国的不安全感,苏联威

---

① 《驻朝鲜苏联民政局三年总结报告》, 1948年11月, АВПР, Ф. 0480, оп. 4, п. 14, д. 46。

胁观就此形成。不过，此时，在美苏利益边缘地带的朝鲜，美国仍然选择继续与苏联合作，莫斯科会议上美国接受了一个以苏联提案为基础的莫斯科协定即是最好的证明。

到了美苏联合委员会阶段，苏联按照既定目标，在关键问题上不让毫厘，让美国越发感觉到与苏联表面上的合作都难以维系，美国开始调整对朝立场和政策。从某种程度上来说，美国转变对朝政策，是对于美苏对决中丧失优势后缺乏自信的一种过激反应。由于美苏都力图通过联合委员去排除不符合自己意识形态的政治力量，以便主导未来朝鲜政府的性质，双方在组建朝鲜临时政府的协商对象资格问题上始终难以达成一致，历经第一次会议、休会期的复会努力以及第二次会议，联合委员会终究以宣告破裂收场。美苏联合委员会期间，美国多次提及美苏两国政治制度的不同，并将双方立场的不可调和归结于双方政治体制的差异，暴露出美国人将与苏联人在意识形态层面展开对决的兆头，因为在美国人看来，朝鲜已经成为美国与苏联“进行思想斗争的战场”。苏联的立场多少也受到美国的影响，但没有美国般反应激烈，而是在步步为营中予以坚决反击。大体来说，自二战后到1948年，苏联先是试图通过托管，与美国合作在朝鲜建立一个与苏联保持友好关系的统一的朝鲜政府；与美国矛盾日渐加剧后，又转为加强北朝鲜的政治、经济力量，并在此基础上促进朝鲜民族的统一，从而保证通过全朝鲜普选建立的统一政府实行对苏友好的政策，使得朝鲜不至于成为某个对苏联不友善国家手中的反苏工具。[1]

纵观战后对朝托管政策从提出到实施再到最终失败的整个过程,美国的立场多有变动,苏联的立场则一以贯之。托管政策的失败与美苏在朝鲜半岛的对立有着直接联系。但,不可否认,美国政府率先打破朝鲜半岛的雅尔塔格局,放弃在托管政策上与苏联协调合作的立场,转而采取一种遏制苏联在朝鲜半岛势力的立场,则是导致战后对朝托管政策失败的直接因素。

托管政策在朝鲜的实施,作为一个个案,反映了美苏在朝鲜半岛从合作走向对立的过程。美苏在朝鲜问题上的对立,实则是两种意识形态和政治制度的对决。美苏的意识形态都宣称具有普适性,双方都坚持他们对社会的认知适用于所有的国家和民族。美苏都以自己代表着现代性的发展方向而自豪。每一方都惧怕对方的进步会导致自身的落后。在朝鲜问题上,美苏的对立不仅体现在托管问题上的对立,也体现在占领政策上的对立。美国在南朝鲜倡导的民主自由,被苏联指责为南朝鲜民众水深火热的"罪魁祸首";苏联在北朝鲜推行的"民主化"改革,则被美国视为苏联在朝鲜"苏维埃化"的复制。在美苏利益边缘地带的朝鲜半岛,美苏之间的对立尚且如此,那么在美苏利益中心地带的欧洲,其对立的程度可想而知,从这个层面来看,美苏之间全球冷战的爆发存在着某种历史必然性。

---

① 《马立克关于建立朝鲜统一政府的报告》, 1945年12月10日, АВПРФ, ф.0102, оп.1, п.1, д.15, л.18-21, 沈志华:《朝鲜战争:俄国档案馆的解密文件》(上册), 第59—60页。

不过，朝鲜半岛冷战的爆发还是要晚于全球冷战的爆发，尽管自1946年下半年起，杜鲁门本人、行政官员、军方人士均通过不同途径宣称美国在朝鲜问题上要对苏联采取强硬路线，但或许是因为美国始终不想在朝鲜承担过多的责任，又或许是因为对苏联想要将朝鲜纳入其战略安全范畴的诉求程度严重估计不足，美国对托管政策举棋不定，在具体的政策执行阶段似乎也没有立即实现对苏联的绝对遏制，至少到了1947年3月冷战爆发后，美苏仍然在联合委员会的框架内做着最后的“努力”，不管是姿态之举也好、政治作秀也罢，至少双方之间的合作仍在维系。直到1947年10月联合委员会宣告破裂，美苏在朝鲜问题上的合作才算是真正意义上的结束。从这个层面上来说，朝鲜半岛的冷战是晚于全球冷战的。

至于美苏因素之外的朝鲜国内政治因素，虽然国内政治势力的分化与朝鲜半岛的分裂也有着直接的关联，但朝鲜国内左右翼政党的分化绝不是造成半岛分裂的主导因素。朝鲜作为一个小国，在国际关系中历来承受着“鲸斗殃虾”所造成的恶果。在美苏对立、冷战兴起的大背景下，朝鲜国内的政治势力实则并无掌握自己民族、国家前途命运的机会，他们只有被选择的机会。无论其赞成托管也好，反对托管也好，都只是美苏在朝鲜进行意识形态交锋时的“政治棋子”。美苏根据自身的立场需要选择合作的政治力量，而不是依据朝鲜人的意愿去选择真正代表民意的政治领袖。在美苏对立的情况下，朝鲜国内政治势力所能争取的空间极为有限。尽管韩国人因为浓厚的民族自省情结，让分裂内因论在今天的韩国学界占据着主导地位，但客观地说，国内政治势力的分化绝不是朝鲜半岛分裂的主因。

美苏在朝鲜半岛的对立，对半岛南北部的政治经济社会发展产生深刻的影响。在经历了三年多美苏军政府的分区占领后，朝鲜半岛南北已经出现了两个发展方向完全不同的政治经济实体。这也就意味着，朝鲜半岛的分裂已经不再是地理上的分裂，而是更为深刻的政治制度上的分裂。这种分裂是在三八线撤销之后都难以弥合的。从这个角度看，战后美苏在朝鲜的争斗对朝鲜半岛产生的影响是极为深远的。朝鲜半岛的分裂命运实际自美苏分区占领朝鲜之日起就已注定，而两种不同的政治经济实体的出现则为日后朝鲜战争的爆发埋下伏笔。

参考文献

档案文献：

中文

《德黑兰 雅尔塔 波茨坦会议记录摘编》,上海：上海人民出版社，1974年

刘金质等编：《中朝中韩关系文件资料汇编(1919—1949)》(中、下卷),北京：中国社会科学出版社，2000年

秦孝仪主编：《中华民国重要史料初编——对日抗战时期》(第三编 战时外交〈一〉),台北：中国国民党中央委员会党史委员会，1982年

人民出版社编：《朝鲜问题文件汇编》,北京：人民出版社，1954年

沈志华、王绍章整理 :《俄国档案原文复印件汇编 : 苏联占领朝鲜》,第1—23卷,华东师范大学冷战国际史研究中心藏,未刊

沈志华 :《朝鲜战争 : 俄国档案馆的解密文件》(上册),台北 : 台湾中研院近现代史研究所，2003年

苏联外交部编 :《1941—1945年苏联伟大卫国战争期间苏联部长会议主席同美国总统和英国首相通信集》(第2卷),北京 : 世界知识出版社，1963年

英文

Foreign Relations of the United States, 1942, Vol.I, General; the British Commonwealth; the Far East, Washington D.C.: U.S. Government Printing Office ,1960

Foreign Relations of the United States, 1942, China, Washington D.C.: U.S. Government Printing Office ,1956

Foreign Relations of the United States, 1943, The Cairo and Tehran Conferences, Washington D.C.: U.S. Government Printing Office ,1961

Foreign Relations of the United States, 1945, The Conferences at Malta and Yalta, Washington D.C.: U.S. Government Printing Office, 1955

Foreign Relations of the United State, 1945, vol.2, The Conference of Berlin (the Potsdam Conference), Washington D.C.: U.S.

Government Printing Office , 1960

Foreign Relations of the United States, 1945, Vol.6, British Commonwealth, The Far East, Washington D.C.: U.S. Government Printing Office, 1969

Foreign Relations of the United States, 1946, Vol.8, The Far East, Washington D.C.: U.S. Government Printing Office, 1971

Foreign Relations of the United States, 1947, Vol.1, General, The United Nations, Washington D.C.: U.S. Government Printing Office, 1973

Foreign Relations of the United States, 1947, Vol.6, The Far East, Washington D.C.: U.S. Government Printing Office, 1972

俄文

俄罗斯联邦对外政策档案馆（АВПРФ）

俄罗斯联邦国防部中央档案馆（ЦАМОРФ）

俄罗斯联邦总统档案馆（АПРФ）

韩文

〈朝鮮人民報〉

〈解放日報〉

〈東亞日報〉

〈朝鲜日報〉

〈首爾新聞〉

〈中央新聞〉

〈獨立新報〉

〈京鄉新聞〉

著作：

中文

【美】施纳贝尔等著，国防大学译：《美国兵在朝鲜：战争爆发前后》（第二卷），北京：国防大学出版社，1994年

【美】沃尔特·拉费伯尔著，牛可等译：《美国、俄国和冷战（1945—2006）》，北京：世界图书出版公司，2011年

【美】约翰·刘易斯·加迪斯著，潘亚玲译：《长和平：冷战史考察》，上海：上海人民出版社，2011年

【美】约瑟夫·古尔登著，于滨等译：《朝鲜战争——未曾透露的真相》，北京：北京联合出版公司，2014年

【挪】安立文著，牛可等译：《全球冷战：美苏对第三世界的干涉与当代世界的形成》，北京：世界图书出版公司，2012年

【日】林三郎编著，吉林省哲学社会科学研究所日本问题研究室译：《关东军和苏联远东军》，长春：吉林人民出版社，1979年

【英】安东尼·艾登:《艾登回忆录(清算)》(中册),北京:商务印书馆,1976年

【英】F·C·琼斯、休·博顿、R·B·皮尔恩著:《国际事务概览(1939—1946年)·1942—1946年的远东》(下册),上海:上海译文出版社,1979年

《战后世界历史长编》第一编第一分册,上海:上海人民出版社,1975年

《战后世界历史长编》第一编第四分册,上海:上海人民出版社,1978年

曹中屏、张琏瑰等编著:《当代韩国史(1945—2000)》,天津:南开大学出版社,2005年

【美】杜鲁门:《杜鲁门回忆录:决定性的一年(1945)》,北京:世界知识出版社,1964年

【美】杜鲁门:《杜鲁门回忆录:考验和希望的年代1946—1953》,北京:世界知识出版社,1965年

【韩】国防部战史编纂委员会编,固城等译编:《朝鲜战争(第一卷):中共军参战及联合国军重新反攻》,牡丹江:黑龙江朝鲜民族出版社,1988年

沈志华:《毛泽东、斯大林与朝鲜战争》,广州:广东人民出版社,2013年

【苏】瓦·米·别列日科夫:《外交风云录(续篇)》,北京:世界知识出版社,1982年

王逸舟:《西方国际政治学:历史与理论》,上海:上海人

民出版社，2006年

中国人民解放军军事科学院编译 :《苏联军事百科全书》（第4卷）,北京 : 中国人民解放军战士出版社，1982年

英文

Bruce Cumings, *The Origins of the Korean War, Liberation and the Emergence of Separate Regimes, 1945-1947,* Princeton : Princeton University Press, 1981

Goncharov, Sergei, John Lewis and Xue Litai, *Uncertain Partner: Stalin, Mao, and the Korean War,* Stanford: Stanford University Press, 1993

James Irving Matray, *The Reluctant Crusade: American Foreign Policy in Korea, 1941-1945,* Honolulu : University of Hawaii Press, 1985

俄文

Ачкасов В.И. гла.(ред.) История второй мировой войны 1939-1945, Том11, Москва : ВИМО СССР, 1980《第二次世界大战史 1939—1945》

Петухов В.И. У истоков борьбы за единства и независимость Ксреи, Москва : Наука, 1987《争取朝鲜统一与独立斗争的源泉》

Ю.В.Ванин и др.(Ред.) Освобождение Кореи .Воспоминание и статьи . –Москва :Наука, 1976《解放朝鲜 : 回忆录与论文》

韩文

沈之渊 :〈미-소공동위원회 연구〉,서울:청계연구소，1989 년

정병준:〈한국전쟁:38선 충돌과 전쟁의 형성〉,파주:돌베개,2006년

【美】C.L.Hoag, 한국분단보고서(상),申福龙、金元德옮김,서울:풀빛,1992년

康仁德 :〈북한전서〉(제1권),서울:극동문제연구소,1974 년

论文

中文

梁志 :《从联合托管到南北分立:美国与朝鲜半岛冷战对抗局面的形成(1944—1948)》,《武汉大学学报(人文社科版)》，2014 年第4期

牛军 :《战后美国对朝鲜政策的起源》,《美国研究》，1991年第2期

英文

Kathryn Weathersby, “Soviet Aims in Korea and the Outbreak of the Korean War, 1945-1950: New Evidence from the Russian Archives”, *Cold War International History Project Working Paper,* №8, 1993

Lee In Ho, “The Soviet Military Government in North Korea”, *Korea Observer,* 1992, Vol.23, №4

William George Morris, “The Korean Trusteeship, 1941-1947 : The United States, Russia, and the Cold War”, Ph.D. dissertation, The University of Texas, 1974

俄文

Почтарев А.Н. Из истории советско-корейских отношений в 1920-1950-е годы. // Новая и новейшая история. 1999.№5《1920—1950年代的苏朝关系》

Ки Кван Со. Московское совещание министров иностранных дел（декабрь 1945г）и раскол Кореи //Проблема Дальнего Востока. 1997. № 5, С.97-108《1945年9月莫斯科外长会议与朝鲜分裂》

韩文

申福龙:〈한국 신탁 통치의 결정 과정에 관한연구:미국의 구도와 변질을 중심으로〉,한국정치학회세미나논문，1993년

李東炫,"韓國 信託統治 研究",建國大學 大學院 정치학 박사논문，1989

李在都:〈모스크바信託統治協定과 韓半島政治變化에 관한研究〉,東國大學校 大學院 정치학 박사논문，1987년